JUSTIÇA RESTAURATIVA
Resolução nº 225/CNJ e estudo do caso de Ceilândia

RAPHAELLA KAROLINE DE FREITAS CAMARGOS

Prefácio
Antonio Henrique Graciano Suxberger

JUSTIÇA RESTAURATIVA
Resolução nº 225/CNJ e estudo do caso de Ceilândia

Belo Horizonte

FÓRUM
CONHECIMENTO JURÍDICO

2023

© 2023 Editora Fórum Ltda.

É proibida a reprodução total ou parcial desta obra, por qualquer meio eletrônico, inclusive por processos xerográficos, sem autorização expressa do Editor.

Conselho Editorial

Adilson Abreu Dallari
Alécia Paolucci Nogueira Bicalho
Alexandre Coutinho Pagliarini
André Ramos Tavares
Carlos Ayres Britto
Carlos Mário da Silva Velloso
Cármen Lúcia Antunes Rocha
Cesar Augusto Guimarães Pereira
Clovis Beznos
Cristiana Fortini
Dinorá Adelaide Musetti Grotti
Diogo de Figueiredo Moreira Neto (*in memoriam*)
Egon Bockmann Moreira
Emerson Gabardo
Fabrício Motta
Fernando Rossi
Flávio Henrique Unes Pereira

Floriano de Azevedo Marques Neto
Gustavo Justino de Oliveira
Inês Virgínia Prado Soares
Jorge Ulisses Jacoby Fernandes
Juarez Freitas
Luciano Ferraz
Lúcio Delfino
Marcia Carla Pereira Ribeiro
Márcio Cammarosano
Marcos Ehrhardt Jr.
Maria Sylvia Zanella Di Pietro
Ney José de Freitas
Oswaldo Othon de Pontes Saraiva Filho
Paulo Modesto
Romeu Felipe Bacellar Filho
Sérgio Guerra
Walber de Moura Agra

FÓRUM
CONHECIMENTO JURÍDICO

Luís Cláudio Rodrigues Ferreira
Presidente e Editor

Coordenação editorial: Leonardo Eustáquio Siqueira Araújo
Aline Sobreira de Oliveira

Rua Paulo Ribeiro Bastos, 211 – Jardim Atlântico – CEP 31710-430
Belo Horizonte – Minas Gerais – Tel.: (31) 99412.0131
www.editoraforum.com.br – editoraforum@editoraforum.com.br

Técnica. Empenho. Zelo. Esses foram alguns dos cuidados aplicados na edição desta obra. No entanto, podem ocorrer erros de impressão, digitação ou mesmo restar alguma dúvida conceitual. Caso se constate algo assim, solicitamos a gentileza de nos comunicar através do *e-mail* editorial@editoraforum.com.br para que possamos esclarecer, no que couber. A sua contribuição é muito importante para mantermos a excelência editorial. A Editora Fórum agradece a sua contribuição.

Dados Internacionais de Catalogação na Publicação (CIP) de acordo com ISBD

C173j	Camargos, Raphaella Karoline de Freitas
	  Justiça restaurativa: Resolução nº 225/CNJ e estudo do caso de Ceilândia / Raphaella Karoline de Freitas Camargos. – Belo Horizonte : Fórum, 2023.
	  125p. ; 14,5cm x 21,5cm
	
	  Inclui bibliografia.
	  ISBN: 978-65-5518-444-0
	
	  1. Direito Penal. 2. Direito Processual Penal. 3. Direito Público. 4. Direitos Humanos. I. Título.

2022-2186	CDD: 345 CDU: 343

Elaborado por Odilio Hilario Moreira Junior – CRB-8/9949

Informação bibliográfica deste livro, conforme a NBR 6023:2018 da Associação Brasileira de Normas Técnicas (ABNT):

CAMARGOS, Raphaella Karoline de Freitas. *Justiça restaurativa*: Resolução nº 225/CNJ e estudo do caso de Ceilândia. Belo Horizonte: Fórum, 2023. 125p. ISBN 978-65-5518-444-0.

AGRADECIMENTOS

Ao Maravilhoso Deus e Pai, sempre, pela infinita Graça e pelo fôlego de vida.

À minha mãe, Jaine, por todo o amor puro, incondicional, que tudo perdoa.

Ao meu pai, Adalton, por ser meu exemplo para seguir sempre em frente, corajosamente.

À minha irmã, Emanuella, por me ensinar a sorrir e por iluminar meus dias.

Ao meu orientador, Antonio Suxberger, por me ensinar, inspirar e desafiar, sem perder aquela dose ideal de bom humor.

A todas as pessoas que contribuíram de forma valiosa para esta pesquisa, minha profunda e sincera gratidão.

Olho por olho, e o mundo acabará cego.
– Mahatma Gandhi

SUMÁRIO

PREFÁCIO
Antonio Henrique Graciano Suxberger.. 11

**1
INTRODUÇÃO** 15

**2
JUSTIÇA RESTAURATIVA EM PERSPECTIVA BIFOCAL: SOB AS
LENTES ABOLICIONISTA E AGNÓSTICA** 21

2.1   Entre o "conflito como propriedade" de Christie e o
      "sequestro do conflito" pelo sistema punitivo 26
2.2   A eficácia invertida do sistema punitivo desnudo e a lógica do
      medo como resultante da tensão 32
2.3   Problema do encarceramento (em massa): mínimo
      denominador comum entre abolicionismo e agnosticismo 35
2.4   Aplicabilidade do modelo restaurativo em crimes graves em
      face do punitivismo e do mito da obrigatoriedade da ação
      penal 38
2.5   Críticas ao expansionismo do modelo restaurativo sob a lente
      agnóstica 43

**3
CONFORMAÇÃO DA JUSTIÇA RESTAURATIVA COMO POLÍTICA
PÚBLICA NO BRASIL** 47

3.1   Lógica *top-down* como "pecado original" na gênese da
      Resolução nº 225/CNJ 48
3.2   Dimensão do direito como objetivo e o risco (ou não) de
      desnaturação dos ideais restaurativos 61
3.3   *Netwidening*: expansão da rede de controle formal como efeito
      perverso da verticalização 66
3.4   Dimensão do direito como vocalizador de demandas e
      possível resposta pela lógica *bottom-up* 74

3.5 Lócus da justiça restaurativa: acoplamento ao sistema judiciário sem diversificação?... 76

**4
CONTINGÊNCIAS DA JUSTIÇA RESTAURATIVA NO DISTRITO FEDERAL: ESTUDO DO CASO DE CEILÂNDIA**.. 79
4.1 A visibilidade da criminalidade violenta na cidade de Ceilândia-DF como critério de escolha.. 80
4.2 Práticas restaurativas em Ceilândia: há um *quantum* de institucionalização?.. 88
4.3 Programa Escutando o Cidadão: da origem aos resultados........ 92
4.4 Entrevistas com profissionais envolvidas e breve análise de caso.. 103
4.5 O que a experiência de Ceilândia comunica sobre a institucionalização do restaurativismo?.. 113

**5
CONCLUSÕES**... 117

REFERÊNCIAS... 121

PREFÁCIO

Afirmar que algo vai mal no funcionamento do sistema de justiça criminal se tornou um truísmo no Brasil. O problema, contudo, é construir consenso quanto às alternativas para abordar esse problema. Quando vista de perto, livre de preconceitos ou de compreensões que pouco se aproximam das ideias por ela defendidas, a Justiça Restaurativa constitui um dos poucos pontos capazes de agregar atores e instituições do sistema de justiça em relação às providências imediatas a serem realizadas para um sistema de justiça minimamente mais humano.

A Editora Fórum acerta (mais uma vez), firmando-se como um espaço de difusão de boas ideias, que se mostrem verdadeiramente compromissadas com a mudança social, ao lançar luz sobre o trabalho de Raphaella Karoline de Freitas Camargos. O livro que o leitor tem em mãos é a versão, com poucas alterações, da belíssima dissertação de mestrado em Direito por ela defendida no Programa de Pós-Graduação stricto sensu do Centro Universitário de Brasília (UniCEUB). Numa banca examinadora de perguntas difíceis, mas com a leveza daqueles que sabem conduzir as reflexões com afeto e carinho, os professores Bruno Amaral Machado e Raquel Tiveron testaram as hipóteses de Raphaella, para dela tirar o melhor sobre o tema. Na versão ora apresentada, Raphaella soube agregar reflexões e ouvir as preciosas lições daqueles provocados por sua produção.

Nascido das inquietações da atividade profissional de Raphaella – que se dedica à assistência judiciária da comunidade de Ceilândia por intermédio do Núcleo de Prática do UniCEUB naquela cidade –, o trabalho aborda a modelagem institucional da política do Judiciário, tal como estabelecida pelo Conselho Nacional de Justiça na Resolução nº 225 de 2016, dirigida às práticas restaurativas. Para delimitar sua investigação, trouxe a experiência do programa "Escutando o Cidadão", implementado na Circunscrição Judiciária de Ceilândia, no Distrito Federal, que reúne as características de um município de médio porte e uma das regiões mais duramente marcadas pela desigualdade social. Ceilândia é uma cidade com feição própria, com características que vão muito além de Brasília, capital federal. Reúne os problemas das metrópoles e a violência urbana marcada pela desigualdade social e por poucas oportunidades de acesso a bens, especialmente em relação à população jovem. Ali se vê uma iniciativa interinstitucional, que reúne esforços dos atores envolvidos e, sobretudo, compromisso com o enfrentamento do mencionado mau funcionamento do sistema de justiça.

Um dos méritos da pesquisa, conduzida por Raphaella com uma maturidade que desafia a idade, é problematizar a justiça restaurativa a partir de uma sólida revisão da literatura. Em lugar de simplesmente se ocupar de tipologias, sofisticar classificações ou tentar agrupar ideias, Raphaella parte do exercício oposto: busca pontos comuns entre os distintos campos teóricos para enxergar as práticas restaurativas em espaços de interseção entre esses caminhos teóricos. Afinal, é disso que se fala quando se aborda o restaurativismo. Trata-se de contribuição teórica de forte cariz prático, que parte da crítica ao que hoje se faz no campo criminal. E, para pavimentar essa crítica, mais que desnudar o mau funcionamento do sistema, o desafio é propor caminhos diferentes. Trata-se, pois, de dizer sim a algo verdadeiramente novo.

O trabalho parte da contribuição da justiça restaurativa na reflexão desenvolvida pelos autores identificados como abolicionistas no debate político-criminal. Mais que um embate entre crenças, a tensão entre abolicionistas (e há diversos matizes dentro dessa corrente marcada pela crise de legitimidade de intervenção penal do Estado) e justificacionistas refere-se desde a amplitude de incidência da resposta penal até aos papéis destinados às vítimas em geral. Raphaella coteja as opções teóricas, agudizando essas opções a partir do agnosticismo penal e a conformação processual penal no Brasil, de reduzido espectro no âmbito da discricionariedade persecutória. Como pensar práticas restaurativas a partir de uma modelagem institucional que toma a formalização da persecução penal em juízo como regra inafastável? Ao pensar na expansão das práticas restaurativas, Raphaella agudiza as críticas dirigidas à fluidez das linhas conceituais da justiça restaurativa em geral.

Se o Direito cumpre o papel substantivo de objetivo da ação pública do Estado, a etapa subsequente da pesquisa se dirige à institucionalização das práticas restaurativas. A ação institucional não parte de compromissos com essa ou aquela opção teórica, mas enxerga nas opções teóricas as múltiplas possibilidades de construção da institucionalidade. O desafio das práticas restaurativas encontra-se no "como" de suas ações, mais que a discussão centrada no "que" dessas iniciativas. Por isso,

Raphaella traz à pesquisa a Resolução do Conselho Nacional de Justiça que dispõe sobre a Política Nacional de Justiça Restaurativa no âmbito do Poder Judiciário. Trata-se de uma política construída de cima para baixo e essa opção, por si só, já representa um grande desafio num país marcado por assimetrias e desigualdades regionais. De qualquer forma, a imposição de uma gramática de práticas restaurativas, se encontra desafios diante de bons casos colhidos país afora, presta-se como bom ponto de partida onde o restaurativismo ainda é um desconhecido. O risco é desnaturar as práticas restaurativas unicamente para atender aos indicadores da política estabelecida ao Poder Judiciário. Mas, indaga-se: não é esse o risco de toda e qualquer política pública?

De modo muito aguçado, o trabalho menciona o *netwidening* como risco de efeito indesejado ou perverso da imposição da prática restaurativa sem uma sensibilização dos autores ou uma reflexão mais cadenciada sobre o que se está a fazer. De qualquer modo, o maior desafio das políticas nascidas de cima para baixo está em assegurar a dimensão participativa que o Direito cumpre (ou deve cumprir) nas democracias. Nas sendas estreitas do sistema de justiça criminal, é na diversificação das respostas aos casos penais perante o Judiciário que a justiça restaurativa pode ganhar espaço de relevância.

A parte final do trabalho é uma das mais instigantes. Raphaella mescla técnicas de pesquisa (entrevistas semiestruturadas, análise documental) para trazer a experiência do programa "Escutando o cidadão" e testá-lo à luz das ideias desenvolvidas ao longo dos capítulos anteriores. Em que pesem as restrições da pandemia da COVID-19, que desafiou todos que se encontravam no curso de pesquisas qualitativas nos anos de 2020 e 2021, o trabalho traz um panorama centrado nos indicadores estabelecidos tanto pelo Judiciário quanto pelo Ministério Público, ambos do Distrito Federal, para a implementação do programa marcado pela interinstitucionalidade. Do ponto de vista da trajetória da política pública, vê-se uma prática em busca de locus na normatização da política pública trazida pelo Conselho Nacional de Justiça. Mais que a simples descrição do ocorrido, a reflexão trazida no trabalho presta-se como possibilidade de exemplo e multiplicação de práticas restaurativas Brasil afora.

O olhar de Raphaella traz a convergência entre instituições que possuem olhares (e motivações) distintos sobre a prática restaurativa. Entre a possibilidade de desjudicialização de casos penais e a criação de espaços para acolhimento e oitiva das vítimas de crimes, as práticas restaurativas — como bem anotado na revisão da literatura que abre o trabalho — encontram espaço nas ações de atores calcadas em propósitos não raro distintos entre si.

A advertência de Raphaella é sempre oportuna: mais que a normatização ou a modelagem institucional, as práticas restaurativas encontram desafios nos excessos de formalismos da justiça ou na falta de sensibilidade externada por atores que, por vezes, se olvidam da atenção que deve ser dirigida aos primeiros e imediatos sujeitos envolvidos na razão última de intervenção do Estado no conflito. No entanto, a normatização e a modelagem institucional asseguram, minimamente, a difusão das práticas. Se elas serão boas? O melhor passo para isso é a reflexão crítica amparada em sólida pesquisa: o presente trabalho, nesse ponto, traz incisiva contribuição.

O livro interessará não apenas aos operadores do Direito, mas a todos aqueles que se ocupam da reflexão necessária de um sistema de justiça criminal que se permita questionar suas próprias razões de atuação. Ao contar a trajetória da política pública, a investigação perpassa as ações de profissionais verdadeiramente comprometidas com o ideal de uma justiça mais humana.

De minha parte, tive o privilégio de acompanhar essa pesquisa como um espectador privilegiado do esforço e do compromisso de Raphaella. O texto fluido, livre de maneirismos e sólido em seu conteúdo deixará no leitor, certamente, o desejo de algo mais por vir. E espero que essa intenção seja atendida no vindouro (e necessário) doutorado que se avizinha.

Boa leitura!

Antonio Henrique Graciano Suxberger
Doutor e Mestre em Direito. Professor titular do programa de Mestrado e Doutorado do UniCEUB e dos cursos de especialização da FESMPDFT. Promotor de justiça no DF. Membro do Conselho Nacional de Política Criminal e Penitenciária (2021-2023).

INTRODUÇÃO

A justiça restaurativa encontra-se em franco desenvolvimento no Brasil, o que pode ser facilmente percebido pela profusão de práticas especialmente no âmbito do judiciário. Tal tendência expansionista, no campo do sistema punitivo, merece ser observada com atenção, não apenas no sentido dos possíveis avanços para um acesso qualificado à justiça, mas também para aferir a coerência entre as práticas e os discursos restaurativistas e, se e quando necessário, reajustar a rota.

No campo epistêmico, duas contribuições teóricas assumem importância central para a compreensão do restaurativismo desde suas raízes: os abolicionismos e o agnosticismo penal. Vale ressaltar, porém, que as mencionadas teorias não serão compreendidas nesta obra como premissas do modelo restaurativo, pois, se assim fosse, tal modelo se tornaria realmente o que a crítica aponta como um vazio ou uma mera utopia.

As práticas restaurativas no sistema de justiça criminal encontram amparo teórico em abordagens abolicionistas e de deslegitimação do sistema penal. No entanto, é possível vincular a ação do Estado favoravelmente a práticas restaurativas de maneira dissociada dessas abordagens abolicionistas? De que maneira a nominada abordagem agnóstica pode contribuir para práticas restaurativas?

O primeiro capítulo abordará a justiça restaurativa situada entre o abolicionismo, que marca sua gênese, e o agnosticismo, que a conduz à realidade deslegitimadora da pena e do sistema penal. O objetivo da investigação, de abordagem interdisciplinar, dirige-se à seguinte pergunta: é possível a perda de legitimidade do modelo restaurativo a partir de seu acoplamento ao sistema de justiça penal e de seu movimento de expansão? Para além da discussão teórica situada na Criminologia crítica e suas projeções no debate dirigido à abolição do sistema penal, a problematização delimita-se e orienta-se pela institucionalidade do sistema de justiça quando promove práticas restaurativas como política pública.

Na primeira seção do capítulo inicial, serão destacados dois criminólogos abolicionistas: Nils Christie (com sua ideia moderada de "pena apenas quando estritamente necessária") e Louk Hulsman (cuja postura radical propunha a abolição do sistema penal desde a raiz). No agnosticismo, será destacado o realismo jurídico-penal marginal de Eugénio Raúl Zaffaroni e a construção da teoria agnóstica no Brasil que impulsiona a justiça restaurativa como forma alternativa de solução de conflitos.

Em seguida, será analisada detidamente a dimensão do conflito como propriedade e o chamado sequestro do conflito, sob a perspectiva de Nils Christie. A contribuição do criminólogo e sociólogo norueguês será central para pensar sobre a necessidade de se restituir a participação e a voz ativa às partes envolvidas diretamente no conflito, em especial a vítima, maior atingida pelo negligenciamento fomentado no âmbito do próprio sistema punitivo.

Na sequência, será evidenciada a eficácia invertida do sistema penal desnudo e a lógica do medo como resultado da tensão. Aqui, o agnosticismo e o realismo crítico marcam decisiva contribuição, por escancarar a carência de legitimidade do sistema punitivo que opera com o descumprimento sistemático das funções declaradas de prevenção, ressocialização e defesa social, para cumprir com as funções latentes de violência, imposição de dor, sofrimento e humilhação, em meio ao contexto de demonização do outro, que alimenta a lógica do medo.

Também será explorada a questão do superencarceramento como ponto de comum preocupação entre os discursos abolicionistas e agnósticos. Serão destacados aspectos quantitativos e qualitativos da realidade carcerária brasileira, marcada por profundas assimetrias e que, no limite, evidenciam a disfunção e a falência múltipla dos órgãos de persecução penal. Igualmente, o punitivismo e o mito da obrigatoriedade da ação penal serão analisados como aparentes óbices ao franco desenvolvimento do modelo restaurativo, em especial no que concerne a crimes mais graves – algo que pode ser observado mediante dados fornecidos por monitoramento realizado pelo Comitê Gestor do Conselho Nacional de Justiça e que revela a menor aplicação de práticas restaurativas em face de tais crimes.

Por fim, a última seção do primeiro capítulo pontuará três críticas marcadas pela perspectiva agnóstica, todas relacionadas ao expansionismo do modelo restaurativo. Primeiramente, as perspectivas minimalista e maximalista da justiça restaurativa, que redundam na identificação deste modelo com o próprio sistema penal, duramente criticado pelo agnosticismo. Em segundo lugar, a crítica sobre a implementação do modo restaurativo de forma irrestrita, uniforme e sem reflexão sobre as peculiaridades dos crimes. Nas considerações finais, a retomada da problematização enfrentará o *netwidening* e o perigo de expansão da rede de controle formal como efeito perverso do modelo restaurativo utilizado com a finalidade de redução do uso do sistema penal.

O segundo capítulo cuidará da conformação da justiça restaurativa como política pública no Brasil, na forma de política nacional do judiciário, a partir da Resolução nº 225/CNJ. A norma será analisada desde seu "pecado original" consubstanciado na lógica *top-down*, cuja verticalidade de cima para baixo pode comprometer as propostas restaurativas de inclusão e horizontalidade das relações, além de interditar espaços para outras iniciativas e programas já em curso e silenciar sobre a incidência da própria norma em relação aos crimes mais graves.

O risco de desnaturação dos ideais restaurativos será analisado especificamente sob a dimensão do direito como objetivo, cuja tônica é a cogência, o dever ser, a cristalização. As outras três dimensões do direito (arranjo institucional, caixa de ferramentas e vocalizador de demandas) serão pontuadas uma a uma, para diferenciar as diversas expressões do direito quando analisado de forma interseccional em relação ao campo das políticas públicas.

Após, será desenvolvida especificamente uma das críticas apontadas ao final do primeiro capítulo: o *netwidening*, ou seja, a expansão das redes de controle social formal, como efeito perverso da verticalização. Em contrapartida, será proposta uma possível resposta segundo a lógica *bottom-up* (inversa, de baixo para cima) e em conformidade com a dimensão do direito como vocalizador de demandas sociais, a denotar maior democratização na tomada de decisões, o que se coaduna com os ideais restaurativos. Ao final, o segundo capítulo cuidará do *locus* específico da justiça restaurativa, se se trata ou não de um simples acoplamento do modelo restaurativo ao sistema judiciário sem diversificação de respostas.

O terceiro e último capítulo abordará as contingências da justiça restaurativa no Distrito Federal por meio do estudo do caso de Ceilândia. Inicialmente, será ressaltada a visibilidade da criminalidade violenta como critério de escolha da referida cidade para estudo. Os dados compilados pela Secretaria de Segurança Pública do Distrito Federal e pelo Observatório da Mulher darão conta dos expressivos índices de crimes cometidos mediante violência e/ou grave ameaça contra a pessoa, o que impactará diretamente na percepção de elevada demanda no sistema de justiça.

Na sequência, o *quantum* de institucionalização das práticas restaurativas desenvolvidas em Ceilândia será analisado tanto nos arranjos institucionais do Judiciário quanto do Ministério Público. No primeiro, serão destacadas as atividades desenvolvidas pelo Centro Judiciário de Justiça Restaurativa de Ceilândia (CEJURES-CEI), em funcionamento desde dezembro de 2020, e cujos dados analisados englobam o primeiro semestre de 2021, conforme tabelas sintéticas inseridas no capítulo.

Depois, o foco será sobre Escutando o Cidadão, implementado na forma de projeto e desenvolvido como programa pelo Ministério Público do Distrito Federal e dos Territórios a partir das Promotorias de Ceilândia. Será realizada análise documental das portarias correlatas (desde sua origem como projeto e sua implementação como programa), dos questionários de avaliação respondidos pelos usuários e do artigo elaborado pelos promotores de justiça envolvidos na gestão do programa.

Igualmente, será apresentada uma entrevista semiestruturada com promotoras de justiça gestoras do Programa Escutando o Cidadão, com complemento de informações prestadas por servidoras responsáveis pelo monitoramento. As dez questões formuladas e respondidas dirão respeito à autoanálise do programa, seus entraves e êxitos, bem como breve exposição ao final de um caso emblemático, marcado por extrema violência e atendido pelo Escutando o Cidadão.

Por fim, será realizada uma reflexão a respeito do que pode ser comunicado sobre a institucionalização do restaurativismo a partir da experiência local estudada, notadamente, com base em resultados e percepções obtidas no estudo dos dados, dos documentos e da entrevista realizada com as profissionais gestoras do Escutando o Cidadão e complementadas com informações fornecidas pelas servidoras auxiliares.

Metodologicamente, a pesquisa se vale de abordagem dedutiva. Promove revisão da literatura específica, própria do debate entre abolicionistas, agnósticos e projeção institucional das práticas restaurativas.

Além disso, vale-se de análise documental, em especial da conformação regulamentar dada ao tema pelo Conselho Nacional de Justiça. Ao final, o terceiro capítulo será instrumentalizado por pesquisa qualitativa a partir da análise das contingências da justiça restaurativa no Distrito Federal, com o estudo do caso de institucionalização do restaurativismo Ceilândia-DF pelo Judiciário e pelo Ministério Público, mediante análise de dados, de documentos e de entrevista semiestruturada.

JUSTIÇA RESTAURATIVA EM PERSPECTIVA BIFOCAL: SOB AS LENTES ABOLICIONISTA E AGNÓSTICA

O abolicionismo é apontado em relativo consenso – ao lado da vitimologia – como um dos principais marcos teóricos da justiça restaurativa. Trata-se de uma perspectiva inserida no âmbito da criminologia crítica que assumiu contornos de movimentos sociais e teóricos, ambos igualmente marcados pela pluralidade e por gradações que apontam a ilegitimidade da pena – principalmente de prisão – e do próprio sistema de justiça criminal.

As perspectivas abolicionistas têm como denominador comum esta constatação: o sistema penal opera no âmbito da ilegalidade; atua conforme a lógica da seletividade consubstanciada em rótulos estigmatizantes, os quais dificilmente podem ser descartados do indivíduo depois de seu contato com o sistema penal; tende a repelir as pessoas diretamente envolvidas no conflito e as substitui por técnicos jurídicos, em busca de uma resposta legal para o conflito; gera mais problemas do que soluções; expande a cultura punitivista, segundo a qual o castigo da pena de prisão possibilita a justiça diante de fatos definidos como crimes.[1]

Se é possível destacar dois expoentes teóricos do abolicionismo, quando se tem em mente a justiça restaurativa, estes nomes são Nils Christie e Louk Hulsman. Conforme será brevemente abordado nos próximos parágrafos, o primeiro teórico destacou-se por sua postura

---

[1] ACHUTTI, Daniel. Abolicionismo penal e justiça restaurativa: do idealismo ao realismo político-criminal. *Revista de Direitos e Garantias Fundamentais*, Vitória, v. 15, n. 1, jan./jun. 2014. p. 38.

moderada ou minimalista – punir apenas quando extremamente necessário e com o mínimo de imposição de dor –, e o segundo, por sua defesa de uma abolição radical do sistema penal – por ser este um problema em si, desde a raiz, que não comporta legitimação.

Nils Christie,[2] criminólogo e sociólogo norueguês, destacou em seus escritos que as ideias abolicionistas são marcadas pelo crescente interesse na aplicação de medidas não penais em face dos conflitos, de forma alternativa ao castigo e com a intenção de diminuir o sofrimento infligido às pessoas, para restabelecer a confiança nos seres humanos comuns e abrir-lhes espaço para participação responsável em meio a um sistema social decente que permita ao homem mostrar suas qualidades. Claramente, o autor defende a diversificação das formas de solução de conflitos segundo uma percepção minimalista do abolicionismo.

O criminólogo norueguês Louk Hulsman[3] apontou que as tentativas de reforma do sistema de justiça penal geralmente apresentam resultados opostos aos esperados, justamente porque tal sistema é marcado pela ausência de coesão interna, o que o torna incontrolável – algo previsível em meio à sociedade altamente complexa e burocratizada, na qual o homem tende a alienar-se do meio e de si mesmo.

Hulsman[4] declarou que não existe uma realidade ontológica do crime, o qual não passa de uma construção artificial que permite a atuação do sistema de justiça penal, de forma alheia à realidade e às necessidades das pessoas envolvidas em conflitos. Portanto, a ilegitimidade do sistema penal vai desde a linguagem estigmatizante até a dor imposta seletivamente pela pena, razão por que o criminólogo propunha a abolição da justiça penal. Vê-se que, pela concepção adotada por Hulsman e em resposta ao questionamento sobre o substitutivo do controle penal formalizado pelo Estado, a administração estatal centralizada da justiça penal deveria ser substituída por alternativas descentralizadas de regulação autônoma de conflitos.[5]

As ideias abolicionistas oxigenam a justiça restaurativa, na medida em que: denunciam o abuso do poder punitivo estatal oriundo do sistema

---

[2] CHRISTIE, Nils. Las imagenes del hombre en el derecho penal moderno. *In: Abolicionismo Penal*. Buenos Aires: Ediar, 1989. p. 139.

[3] HULSMAN, Louk. La criminologia critica y el concepto de delito. *In: Abolicionismo Penal*. Buenos Aires: Ediar, 1989. p. 88-89.

[4] *Ibidem*, p. 90-91.

[5] SUXBERGER, Antonio Henrique Graciano Suxberger. *Legitimidade da intervenção penal*. Rio de Janeiro: Lumen Juris, 2006. p. 31.

penal hipertrofiado; lançam luz sobre as pessoas diretamente envolvidas no conflito, notadamente a vítima e o ofensor, trazendo-as para o centro do debate; são propositivas tanto no sentido de implementar formas alternativas e consensuais para a resolução dos conflitos quanto em direção à abolição da pena como castigo e, em última análise, do próprio sistema penal, carente de qualquer legitimidade, com investimento em formas distintas e agregadoras de controle social.

Uma advertência, porém, pontua Raquel Tiveron:[6] por ser uma tarefa irrealizável de imediato, o nível de ousadia do abolicionismo radical não é acompanhado em tempo real pela proposta restaurativa, de modo que esta se revela como um passo nesse trilhar, portanto mais próxima – ao menos em teoria – do abolicionismo minimalista que incentiva alternativas e consensualismo na resolução de conflitos criminais.

Antes de inserir a justiça restaurativa no Brasil – tema específico do próximo capítulo –, importa trazer a contribuição do agnosticismo penal, desde a perspectiva do realismo crítico de Eugenio Raúl Zaffaroni, voltado à realidade da América Latina, até a recepção e o desenvolvimento do agnosticismo penal em nosso país, em contribuição teórica que representa sólido ponto de apoio da proposta restaurativa.

O agnosticismo penal consiste em uma abordagem negativa ou deslegitimante da pena, em forte contraponto às teorias justificacionistas fundadas em retribuição e/ou prevenção do delito. Parte-se da seguinte premissa: crime e pena são equivocadamente tratados em relação de causa e efeito, que reveste de inviolabilidade e obviedade o exercício punitivo, quando, ao contrário, a máxima segundo a qual pena gera paz social revela-se de uma fragilidade escancarada, tendo em vista o descumprimento das promessas da pena.[7]

Zaffaroni[8] declara que a pena consiste em um sofrimento carente de racionalidade, em busca secular de um sentido, sem encontrá-lo, pela singela razão de que a pena não tem qualquer sentido a não ser como uma simples manifestação de poder. A perspectiva do autor é autodenominada como "realismo jurídico-penal a partir do ponto de

---

[6] TIVERON, Raquel. *Justiça Restaurativa e emergência da cidadania na dicção do direito*: a construção de um novo paradigma de justiça criminal. Brasília: Trampolim, 2017. 574 p.

[7] ANDRADE, Camila; SIQUEIRA, Leonardo. Teorias da pena: das correntes funcionalizantes à perspectiva negativa. *Revista Delictae*, Belo Horizonte, n. 1, jul./dez. 2016. p. 97-99.

[8] ZAFFARONI, Eugenio Raúl. *Em busca das penas perdidas*: a perda da legitimidade do sistema penal. Rio de Janeiro: Revan, 1991. 5. ed., 2001. p. 204.

vista de uma região marginal do poder planetário",[9] ou seja, os países latino-americanos, cuja operabilidade social dos sistemas penais viola extrema e abertamente a legalidade, não apenas pelo abuso do exercício do poder, mas também pela notável quantidade de violência e de corrupção praticadas no âmbito dos próprios órgãos integrantes do sistema penal.[10]

As ponderações fornecidas pelo realismo crítico de Zaffaroni são ponte para a compreensão do agnosticismo penal inserido no peculiar contexto da América Latina e, de modo mais específico, no Brasil. Hamilton Gonçalves Ferraz[11] identifica a construção conjunta da teoria agnóstica, com destaque para: Nilo Batista, Salo de Carvalho, Rodrigo Roig, Davi Tangerino e Augusto Jobim do Amaral. A seguir, será brevemente apontada a contribuição de cada um.

Segundo Ferraz,[12] Nilo Batista traz a lume a tradução e adaptação brasileira do último Manual de Zaffaroni, Alagia e Slokar, que denota o esforço envidado na construção de um modelo teórico deslegitimante da pena e comprometido de forma radical com a liberdade, o Estado Democrático de Direito e a emancipação dos povos latino-americanos; por seu turno, Salo de Carvalho, em sua produção intensa e interdisciplinar, destaca-se pela preocupação efetiva com a pena enquanto um fenômeno real e concreto dotado de pulsão violenta e, portanto, tendente ao excesso que deve ser contido pelo Direito. Vale sublinhar a contribuição de Salo de Carvalho quando anota que a constante tensão entre Estado de polícia (poder de coação direta) e Estado de direito (limitação do poder) induz que sejam projetadas ações positivas no sentido de redução da *potentia* punitiva (*potestas puniendi*).[13]

Na sequência, Ferraz[14] destaca que Rodrigo Roig sugere que a agnose pura dê lugar à visão realista das funções latentes do sistema penal, com viés crítico, deslegitimante e voltado à redução de danos,

---

[9] *Ibidem*, p. 5.
[10] *Ibidem*, p. 29.
[11] FERRAZ, Hamilton Gonçalves. Direito Penal sem pena? Uma introdução à teoria agnóstica da pena. *Revista Brasileira de Ciências Criminais*, São Paulo, v. 148, out. 2018. p. 65.
[12] FERRAZ, Hamilton Gonçalves. Direito Penal sem pena? Uma introdução à teoria agnóstica da pena. *Revista Brasileira de Ciências Criminais*, São Paulo, v. 148, out. 2018. p. 65-68.
[13] CARVALHO, Salo de. Sobre as possibilidades de uma penologia crítica: provocações criminológicas às teorias da pena na era do grande encarceramento. *Revista Polis e Psique*, v. 3, n. 3, p. 157-158.
[14] FERRAZ, Hamilton Gonçalves. Direito Penal sem pena? Uma introdução à teoria agnóstica da pena. *Revista Brasileira de Ciências Criminais*, São Paulo, v. 148, out. 2018. p. 69-70.

de contenção racional do poder punitivo. Roig, nesse ponto,[15] parece aproximar-se da percepção realista britânica, quando reconhece certo idealismo nas primeiras projeções da Criminologia crítica ausente de contribuições no campo das políticas públicas. É no realismo crítico que se encontra a busca por conexões substanciais entre fenômenos, e não associações formais ou regularidades.[16]

Ferraz sublinha ainda que Davi Tangerino contesta abertamente a racionalidade penal moderna que atribui à pena a missão de proteger bens jurídicos – para ele, a pena é apenas um dos meios de controle social formal, para imposição de condutas tendentes a manter dado *status quo*.[17] Aliás, a própria concepção que orienta a racionalidade penal moderna se afirma como sistema de pensamento que, por sua vez, se identifica como relativo à justiça criminal e assim se autodistingue dos outros sistemas, mas que para ser relativamente autônomo não precisa se distinguir ponto por ponto, da mesma maneira que os seres humanos são distintos tendo vários pontos em comum. Já num sentido empírico e descritivo, designa uma forma concreta de racionalidade que se atualizou num determinado momento histórico.

É precisa, nesse sentido, a indicação de Álvaro Pires quando afirma que a justiça penal produz o seu próprio sistema de pensamento na medida em que se constitui como um subsistema do sistema jurídico, no âmbito de um processo em que o Direito se diferencia no interior do direito. É por isso que o Direito Penal moderno é construído e percebido como um subsistema jurídico com identidade própria.[18]

Merece destaque a contribuição de Augusto Jobim do Amaral quando menciona o caráter eminentemente político da pena – percepção já antevista por Tobias Barreto ainda no século XIX. Se o papel do Direito é servir como limite da política, a estratégia de atuação do Estado deve, então, dirigir-se a salvar vidas humanas e, no caso do sistema penal, evitar mais sofrimento. Eis o objetivo que deveria orientar a atuação

---

[15] ROIG, Rodrigo Duque Estrada. *Aplicação da pena*: limites, princípios e novos parâmetros. 2. ed. rev. e ampl. São Paulo: Saraiva, 2015. p. 117-125.

[16] SAYER, Andrew. Características chave do Realismo Crítico na prática: um breve resumo. *Estudos de Sociologia*, v. 2, n. 6, p. 31.

[17] FERRAZ, Hamilton Gonçalves. Direito Penal sem pena? Uma introdução à teoria agnóstica da pena. *Revista Brasileira de Ciências Criminais*, São Paulo, v. 148, out. 2018. p. 70.

[18] PIRES, Álvaro. A racionalidade penal moderna, o público e os direitos humanos. *Novos Estudos CEBRAP*, n. 68, mar. 2004. p. 40.

das agências de controle penal, em consonância com um discurso que estabeleça limites máximos de irracionalidade tolerável.[19]

A influência do agnosticismo penal não se limita a uma preocupação realista de escancarar a pena como puro exercício de poder que inevitavelmente tende ao abuso e à violência, em oposição diametral às promessas (não cumpridas) de retribuição e prevenção. Outra constatação essencial das teorias agnósticas consiste em denunciar a irracionalidade de se escantear a vítima, a qual é privada de sua condição de parte pelo próprio Estado, ao confiscar o conflito em um modelo punitivo que inviabiliza a efetiva solução do problema.[20] A postura desconfiada e de incredulidade em relação às finalidades da pena é o que marca a abordagem agnóstica.[21]

Nesse sentido, uma possibilidade do agnosticismo é apontada como inspiração e incentivo a formas alternativas de resolução de conflitos, notadamente a justiça restaurativa, pautada por: aproximação voluntária das partes diretamente envolvidas na controvérsia, conciliação e horizontalidade na forma de ver e buscar solucionar o conflito.[22] Esta obra segue o fio condutor do agnosticismo, sem tomá-lo, porém, juntamente com o abolicionismo, como premissas do restaurativismo – do contrário, cairíamos em vazio ou utopia.

2.1 Entre o "conflito como propriedade" de Christie e o "sequestro do conflito" pelo sistema punitivo

Em janeiro de 1977, *The British Journal of Criminology* publicou o importante artigo escrito por Nils Christie, denominado "Conflicts as property".[23] Trata-se de contribuição teórica central fornecida pelo criminólogo e sociólogo norueguês, que destaca, em linhas gerais, o utilitarismo intrínseco aos conflitos no contexto de sociedades altamente

---

[19] AMARAL, Augusto Jobim do. Ensaio sobre uma teoria agnóstica da pena: fronteiras entre o político e o Direito Penal. *Novatio Iuris*, n. 2, p. 1597-1599.

[20] ANDRADE, Camila; SIQUEIRA, Leonardo. Teorias da pena: das correntes funcionalizantes à perspectiva negativa. *Revista Delictae*, Belo Horizonte, n. 1, jul./dez. 2016. p. 130.

[21] MACHADO, Bruno Amaral; SANTOS, Rafael Seixas. Constituição, STF e a política penitenciária no Brasil: uma abordagem agnóstica da execução das penas. *Revista Brasileira de Políticas Públicas*, v. 8, n. 1, p. 98.

[22] FERRAZ, Hamilton Gonçalves. Direito Penal sem pena? Uma introdução à teoria agnóstica da pena. *Revista Brasileira de Ciências Criminais*, São Paulo, v. 148, out. 2018. p. 72.

[23] CHRISTIE, Nils. Conflicts as property. *The British Journal of Criminology*. Oxford, v. 17, n.1.

industrializadas, bem como o protagonismo às pessoas diretamente envolvidas em situações problemáticas como condição inafastável para lidar com tais conflitos.

Dada a relevância de tal estudo não apenas para as perspectivas abolicionistas, mas também devido à forte inspiração para o restaurativismo, neste subtópico serão destacadas as principais ideias trazidas por Christie acerca dos conflitos como propriedade. Nesse contexto, será sublinhado o que se pode denominar "sequestro do conflito", como algo inerente ao sistema punitivo – cuja controvérsia reside na tentativa de gerir conflitos, em especial aqueles definidos como crimes, mas que tende a repelir cada vez mais a participação ativa de quem seja real e diretamente afetado por tais situações.

Christie constata que, em sociedades altamente industrializadas, há (paradoxal) escassez de conflitos, os quais são vistos como importantes do ponto de vista social e, portanto, devem ser simultaneamente alimentados e tornados visíveis, mas não para a manipulação por parte dos profissionais envolvidos, e sim para restituir o direito de participação das partes, em especial das vítimas de crimes, as quais sofrem particular exclusão no processo de tomada de decisões em meio aos conflitos.[24]

O criminólogo dirige crítica ácida ao próprio campo do conhecimento no qual se inserem suas contribuições, ao sugerir que a criminologia não deveria existir porque, ao menos em certa medida, terminou por amplificar o processo de "sequestro do conflito", o qual termina por desaparecer (diga-se, invisibilização) ou mesmo por cair em mãos alheias (diga-se, alienação); com efeito, em vez de serem erodidos, os conflitos devem ser tornados úteis, pois representam o movimento pendular de equilíbrio da própria dinâmica social: se o excesso de conflitos pode conduzir à aniquilação, a falta deles pode causar paralisia.[25]

Desde o início, Nils Christie destaca que seu artigo não tem uma pretensão totalizante, tampouco de ser palavra final no tema, mas apenas representa o desenvolvimento preliminar de determinadas ideias, destacadas pelo autor em sete seções específicas ao longo do texto, as quais serão brevemente comentadas a seguir.

A primeira seção pontua cinco elementos na estrutura de solução de conflitos a partir de um caso observado na Tanzânia: centralidade

---

[24] *Ibidem*, p. 1.
[25] CHRISTIE, Nils. Conflicts as property. *The British Journal of Criminology*, Oxford, v. 17, n. 1, p. 1.

das partes, participação equilibrada de parentes e amigos, participação breve e eventual do público presente, extrema inércia dos juízes locais e ampla cobertura midiática; o autor cita Inglaterra, Estados Unidos e Noruega como negações ao caso tanzaniano, dada a percepção negativa do público em face das instituições de justiça criminal e a importância apenas periférica dos tribunais sobre a vida cotidiana dos cidadãos.[26]

Christie descreve a engenharia do distanciamento entre o sistema de justiça e os seres humanos, desde questões como localização geográfica em centros das cidades, barreiras impostas ao amplo acesso até a questão central acerca da necessária representação das partes perante o judiciário, o que as retira da arena de debate – em especial a vítima, que perde o controle de seu caso para o próprio Estado e se vê sem direito de plena participação justamente em um dos encontros mais importantes de sua vida.[27]

Em seguida, a segunda seção destaca que os pontos positivos do desenvolvimento do sistema punitivo residem na necessidade do Estado de reduzir conflitos e proteger a vítima, porém, o aspecto mais negativo e perverso reside no manejo de conflitos criminais para ganhos pessoais por parte de quem ocupa posições de poder.[28]

A pluralidade de interesses em jogo encerra denominador comum na questão da profissionalização, a ponto de Christie classificar os advogados como bons "sequestradores de conflitos", em especial pela habilidade em selecionar minuciosamente os argumentos das partes, ainda que sejam por elas mesmas considerados irrelevantes ou equivocados para uso; em contrapartida, a conversão (aparente) da situação conflitiva em não conflitiva igualmente encoraja a especialização e pré-condiciona o crime como alvo legítimo de tratamento.[29]

Nils Christie destaca duas maneiras de se reduzir a atenção ao conflito: a primeira é a desatenção à pessoa da vítima, reduzida à esfera do não ser, e a segunda consiste em concentrar-se em aspectos biológicos e de personalidade dos indivíduos coisificados e rotulados como criminosos – aspectos distantes do conflito recente e bem explorados

---

[26] *Ibidem*, p. 2-3.
[27] *Ibidem*, p. 3.
[28] *Ibidem*, p. 4.
[29] CHRISTIE, Nils. Conflicts as property. *The British Journal of Criminology*. Oxford, v. 17, n. 1, p. 4.

pela criminologia enquanto campo epistêmico auxiliar do sistema de controle criminal.[30]

A terceira seção deixa claro que existe algo muito mais profundo do que a simples manipulação profissional dos conflitos, vale dizer, a própria estrutura social básica opera em tendência semelhante, tanto pela segmentação espacial – sobreposição dos papéis sociais desempenhados em face da integridade humana e extrema divisão de trabalho – como também pelo restabelecimento da sociedade de castas com segregação baseada em sexo, cor, deficiências físicas e idade.[31]

A segmentação pelo critério espacial e de casta mencionada pelo autor traz várias consequências, sendo que a mais grave consiste na despersonalização da vida social, ou seja, a desagregação e o afrouxamento das redes de relações interpessoais, o que inabilita as pessoas a lidarem com situações conflitivas, que os profissionais envolvidos desejam sequestrar e nós, titulares do conflito, desejamos entregar em suas mãos.[32]

Outra consequência da segmentação é a destruição precoce de conflitos antes mesmo que se desenvolvam, o que é algo esperado em sociedades industriais que dissipam condições de vivência dos conflitos, devido à despersonalização e mobilidade social que conduzem à indiferença das pessoas umas com as outras; por fim, a terceira consequência é a completa invisibilização dos conflitos, os quais carecem de qualquer solução apropriada – aqui, Christie ressalta a visibilidade como premissa da administração dos conflitos.[33]

Na sequência, a quarta seção pode ser considerada como ponto alto do artigo, eis que trata especificamente dos conflitos como propriedade. O autor esclarece que não tem em mente a ideia de compensação material, mas sim a ideia de que, considerado ontologicamente, o conflito em si é a propriedade mais importante tirada das mãos da vítima, e destaca ainda que, nas sociedades altamente industrializadas, a escassez de conflitos os torna muito mais valiosos do que a propriedade de bens.[34]

Christie destaca que o elevado valor dos conflitos pode ser observado no nível social como um potencial para a atividade e a

---

[30] Ibidem, p. 5.
[31] Ibidem, p. 5.
[32] Ibidem, p. 6.
[33] Ibidem, p. 6-7.
[34] CHRISTIE, Nils. Conflicts as property. *The British Journal of Criminology.* Oxford, v. 17, n. 1, p. 7.

participação ativa das pessoas, em especial da vítima, que enfrenta severa perda com os danos materiais, físicos e psicológicos causados pela situação problemática, bem como se vê negligenciada quanto ao direito de participar em seu próprio caso submetido ao judiciário, onde o protagonismo é garantido ao Estado.[35]

Igualmente, há perdas para a sociedade em geral, especialmente no que diz respeito às oportunidades de clarificação das normas e de possibilidades pedagógicas, inclusive pela incapacidade dos juristas de deixarem às partes envolvidas a decisão a respeito do que elas pensam ser relevante no caso, e, em sentido ainda mais amplo, o sociólogo destaca a perda consistente no incremento do nível de ansiedade e das concepções equivocadas, em especial relacionadas à pessoa do ofensor, frequentemente descrito como não humano.[36]

No que concerne à pessoa do ofensor, com a reintrodução da vítima no caso, o debate deixa de ser exclusivamente sobre a motivação da ação conflituosa e a culpa e passa a ser uma discussão minuciosa a respeito de efetiva, consciente responsabilização e tudo o que pode ser feito para reparar as consequências do ato; no ponto, Christie ressalta que o protagonismo deve ser restituído à vítima, ainda que independentemente da vontade do ofensor, bem como destaca que eventual encontro entre este e aquela não necessariamente impedirá a recidiva, inclusive porque não há medida minimamente eficiente contra o crime, exceto (diga-se apenas retoricamente) por execução, castração ou prisão perpétua.[37]

A quinta seção trata sobre o modelo proposto pelo autor de uma organização orientada para a vítima, cujo estágio inicial de funcionamento se dá pela verificação acerca de violação à lei e de autoria dessa eventual violação; o segundo estágio consiste na consideração pormenorizada da situação da vítima e o que ofensor, comunidade e estado podem fazer em relação a ela; em seguida, eventual punição é analisada como possível de ser aplicada em último caso e somada às demais medidas alternativas prévias; no último estágio se encontram os serviços ao ofensor após o sentenciamento, conforme necessidades de caráter social, educacional, médico-terapêutico e até mesmo religioso,

---

[35] *Ibidem*, p. 7.
[36] *Ibidem*, p. 8.
[37] *Ibidem*, p. 9.

não como promessas de prevenção do crime, mas sim pela simples satisfação de tais necessidades tornadas visíveis.[38]

Na sequência, a sexta seção do artigo trata sobre o aspecto da orientação leiga do modelo proposto por Christie, que aponta para a especialização em solução de conflitos como maior inimiga nesse processo, o qual deve ser pautado pelo ideal de um sistema judicial formado por iguais autorrepresentados, com oportunidades isonômicas de participação ativa; nesse sentido, a sugestão do autor é que *experts* (em especial os comportamentais) e juristas tenham participação parcimoniosa, para esclarecer os pontos demandados, sem dominar o centro da arena conflitiva.[39]

A sétima seção enumera três grandes obstáculos impostos ao funcionamento do sistema proposto em meio à cultura ocidental: carência de "vizinhança", descrita como consequência do estilo de vida industrializado e da segmentação conforme o espaço e a idade; falta de vítimas, assim consideradas como pessoas humanas, afetadas inclusive por ingerência das seguradoras, que eliminam as consequências dos conflitos definidos como crimes; e o mais importante obstáculo: excesso de profissionalização, que, como dito anteriormente, promove o sequestro dos conflitos (por invisibilização ou alienação).[40]

Desagregação social em níveis diversos e profundos, artificialidade das relações na arena judiciária, escanteamento das partes diretamente envolvidas no conflito – com especial gravidade observada em relação à vítima –, erosão das situações conflitivas – vistas como indesejáveis, quando na realidade são inevitáveis e até mesmo úteis em sociedades complexas. As contribuições teóricas de Nils Christie denunciam problemas e obstáculos ao acesso qualificado e isonômico à gestão dos conflitos sociais, bem como lançam luz sobre características do sistema punitivo que favorecem e retroalimentam o sequestro dos conflitos.

Nos subtópicos a seguir, serão destacadas algumas dessas características do sistema punitivo, com a análise de sua eficácia invertida, do punitivismo, do mito da obrigatoriedade da ação penal e do problema relativo ao encarceramento. Serão discutidas também

---

[38] CHRISTIE, Nils. Conflicts as property. *The British Journal of Criminology*. Oxford, v. 17, n. 1, p. 10.
[39] *Ibidem*, p. 11.
[40] *Ibidem*, p. 12-13.

as potencialidades do modelo restaurativo sob a perspectiva bifocal fornecida pelo agnosticismo e os abolicionismos. Desde já, sem interditar o diálogo e as contribuições fornecidas por ambas as vertentes teóricas, evidencia-se que esta pesquisa filia-se à proposta agnóstica, particularmente ao realismo crítico marginal, relevante para situar o contexto sul-americano, em especial o brasileiro.

2.2 A eficácia invertida do sistema punitivo desnudo e a lógica do medo como resultante da tensão

As contribuições teóricas fornecidas pelo abolicionismo e o agnosticismo penal, com destaque para as reflexões propostas pelo realismo crítico, são fundamentais para se compreender o contexto em que se situa a justiça restaurativa no Brasil e que será objeto específico dos próximos capítulos da obra. Importa pontuar, porém, que a importância central das teorias abolicionistas e agnósticas não as torna premissas do restaurativismo, pois, se tal filiação teórica fosse indispensável, o modelo restaurativo não passaria de utopia.

Nesse sentido, resta claro que a opção teórica pelo agnosticismo nesta pesquisa importa na medida em que desnuda o sistema punitivo de suas finalidades preventivas, reabilitadoras e de defesa social, bem como escancara sua eficácia invertida, consubstanciada no cumprimento de objetivos diametralmente opostos àqueles declarados pelo sistema e que denotam imposição de dor, humilhação e sofrimento por meio da pena e da prisão – isso sem mencionar a desagregação social e a constante sensação de medo, ansiedade e insegurança.

As circunstâncias peculiares da realidade pátria são marcadas por violência social e institucional, a reclamar elevação do nível de democratização do acesso à justiça. Raffaella Pallamolla[41] pontua que o cenário brasileiro é marcado por uma crise de legitimidade do sistema de justiça e dois fatores merecem destaque: i. tratamento inadequado do conflito e atuação seletiva e estigmatizante, incapaz de desempenhar a função declarada de prevenir o crime, porém bastante exitosa em cumprir a função latente de acentuar a marginalização de parcelas mais vulneráveis da sociedade; ii. o fenômeno da violência crescente no meio social (e institucional, acrescentamos).

---

[41] PALLAMOLLA, Raffaella da Porciuncula. *Justiça restaurativa*: da teoria à prática. São Paulo: IBCCRIM, 2009. p. 136.

A violência social que fundamenta a justiça restaurativa no Brasil é diagnosticada:

> [...] como um sintoma e expressão de relações não harmônicas e, sobretudo, desintegradoras. O perigo da anomia, da não existência de valores que fundamentem uma existência social comum, é chave para instaurar a procura de novas práticas que substituam o modelo conflitivo. A percepção é a da não existência de trocas entre as pessoas. O fundamento da própria existência social estaria em risco. Do risco, ou seja, do diagnóstico de uma violência constante e difusa, viria a necessidade de uma restauração de laços, de relacionamentos. O método dessa restauração implica uma transformação individual rumo a uma transformação das relações interpessoais e, daí, à transformação da sociedade. A restauração social é, portanto, subsidiária de uma transformação individual.[42]

No contexto do diagnóstico acerca da violência social, Raquel Tiveron[43] destaca que o sistema jurídico moderno é marcado pela tônica igualmente violenta da retribuição e do rigor, eis que institui determinadas punições – notadamente a prisão – divorciadas em absoluto de qualquer finalidade restaurativa ou emancipadora do indivíduo, mas com uma preocupação eminentemente simbólica de censura, e, não bastasse, de castigo doloroso e simplesmente retributivo em face do ofensor, em busca da obediência mediante coação.

Vale pontuar que Tiveron[44] parte da premissa de que o modelo punitivo padece de severo déficit democrático, pois as respostas disponibilizadas pelo Estado-juiz – condenação, absolvição, transação penal, suspensão condicional do processo ou da pena etc. – vinculam exclusivamente o Estado e o ofensor, sem participação ativa da vítima ou da comunidade. Nesse sentido, o acesso qualificado à justiça reclama engajamento, inclusão das partes, acolhimento e escuta profunda em ambientes seguros de diálogo, sendo esta uma clara proposta restaurativa.

---

[42] SCHUCH, Patrice. Direitos e afetos: análise etnográfica da "justiça restaurativa" no Brasil. *Revista Antropología e Derecho*, CEDEAD, v. 7, 2009. p. 10.

[43] TIVERON, Raquel. Democracia e sistema de justiça criminal: do modelo punitivo à justiça restaurativa. Justiça criminal e democracia. *In*: MACHADO, Bruno Amaral (Coord.). *Justiça Criminal e Democracia II*. São Paulo: Marcial Pons; Brasília: Fundação Escola Superior do Ministério Público do Distrito Federal e Territórios, 2015. p. 72 e 73.

[44] *Ibidem*, p. 69.

Muito embora os sistemas processuais penais modernos sejam dotados de clara afirmação democrática, na realidade nem sempre é possível observar uma coerência entre discurso e realidade, tendo em vista que os postulados, valores e conquistas da democracia muitas vezes se distanciam da prática viva das instituições formais de controle social e do próprio comportamento dos cidadãos, sobretudo agentes públicos no exercício de suas funções.[45]

O distanciamento entre o discurso democrático e garantista e a prática cotidiana do processo criminal, enquanto informado pelo paradigma punitivista atual, evidencia distorções importantes que permitem compreender inclusive o fenômeno da vitimização secundária, tendo em vista que os procedimentos levados a efeito pelas instâncias formais de controle, ao buscar expurgar com a pena o mal causado pelo crime, desumanizam os sujeitos envolvidos no processo, não só o acusado como sujeito ativo, mas também a vítima, como sujeito passivo, destacando-se que em relação a tais pessoas, o processo é uma questão vital e não um mero assunto cotidiano.[46]

A desumanização, inclusive, pode ser identificada na raiz da lógica do medo resultante da tensão revelada na eficácia invertida do sistema punitivo desnudo. É que o tratamento do conflito pelas instâncias formais de controle criminal acentua a demonização do outro, em especial do ofensor – o qual, apesar de ser contemplado com garantias processuais formais, em especial a presunção de não culpabilidade, não raro é encarado pela vítima, pela sociedade e pelo próprio sistema.

No contexto descrito pelo realismo crítico marginal em que se insere o Brasil, faz especial sentido a descrição fornecida por Jock Young: o "outro" demonizado passa por um momento de diminuição ontológica e passa a significar nada mais do que um resíduo, valendo muito menos do que "nós", o restante da sociedade marcada por meritocracia e abismal desigualdade de acesso a oportunidades básicas; o segundo momento revela-se no múltiplo distanciamento – espacial, moral e

---

[45] CRUZ, Rogerio Schietti Machado. Rumo a um processo penal democrático. *In*: MACHADO, Bruno Amaral (Coord.). *Justiça Criminal e Democracia*. São Paulo: Marcial Pons; Brasília: Fundação Escola Superior do Ministério Público do Distrito Federal e Territórios, 2013. p. 24.
[46] CRUZ, Rogerio Schietti Machado. Rumo a um processo penal democrático. *In*: MACHADO, Bruno Amaral (Coord.). *Justiça Criminal e Democracia*. São Paulo: Marcial Pons; Brasília: Fundação Escola Superior do Ministério Público do Distrito Federal e Territórios, 2013. p. 51.

social –, com o rompimento das relações entre "nós" e os "outros".[47] A lógica do medo apresenta-se, então, robusta, muito bem alimentada.

Em meio ao contexto paradoxal, a justiça restaurativa exsurge como proposta de diminuição, tanto quanto possível, do abismo existente entre os valores democráticos e a prática adotada pelas instâncias formais de controle. Ademais, o modelo restaurativo norteia a humanização e ressignificação do conflito criminoso, ora analisado em seu caráter social e complexo, com uma visão não redutivista voltada à solução dos danos causados pelo delito em uma dimensão sistêmica, com respeito à dignidade humana não apenas do acusado, mas também da vítima e da comunidade, buscando alternativas ao cárcere – ao menos sob uma perspectiva de longo prazo, mediante a construção de uma cultura de paz.

2.3 Problema do encarceramento (em massa): mínimo denominador comum entre abolicionismo e agnosticismo

Se há uma preocupação central a ocupar espaço comum em debates abolicionistas e agnósticos, ela diz respeito à grave questão do encarceramento, que atualmente assume contornos superlativos e impressionantes. Chama a atenção não apenas o aspecto quantitativo, mas também o qualitativo – marcado por assimetrias a depender do contexto espaço-temporal em análise e igualmente caracterizado pela sistemática violação de direitos e garantias fundamentais.

Em termos conceituais, o encarceramento em massa não encontra limites fixos e precisos, pois, como ressaltado por Suxberger,[48] o fenômeno pode dizer respeito tanto ao ponto crítico da superlotação carcerária em geral quanto ao incremento das taxas de aprisionamento das pessoas pelos países mundo afora.

Atualmente, o Brasil ocupa a terceira posição entre os países que mais encarceram no mundo, atrás apenas dos Estados Unidos e da

---

[47] YOUNG, Jock. *The vertigo of late modernity*. London: Sage, 2007. p. 6.
[48] SUXBERGER, Antonio Henrique Graciano. O encarceramento em massa no Brasil a partir de suas assimetrias: o que dizem os números e sua relação com a segurança pública. *In*: SUXBERGER, Antonio Henrique Graciano *et al.* (Org.). *Segurança Pública*: os desafios da pós-modernidade. Rio de Janeiro: Lumen Juris, 2019. p. 58.

China. Com efeito, foi reconhecido pelo Supremo Tribunal Federal[49] o estado de coisas inconstitucional do sistema carcerário nacional, cujos graves problemas passam desde o déficit de gestão e transparência até o comprometimento quanto à individualização da pena e as sistemáticas violações de direitos humanos, que denota a falência das políticas públicas nesse âmbito e reclama urgente atenção.

Sob o aspecto quantitativo, segundo dados atualizados em tempo real pelo Conselho Nacional de Justiça,[50] atualmente há 912.422 pessoas privadas de liberdade (dentre presos e internados), tanto em caráter provisório quanto por força de execução provisória ou definitiva de pena ou medida socioeducativa (incluídos os 1.353 indivíduos em prisão civil) – isso tudo sem mencionar os 331.338 mandados de prisão pendentes de cumprimento.

O encarceramento em massa denota um gravíssimo problema social, que – sem pretender reduzir a questão, mas apenas para adequá-la ao escopo deste trabalho – revela-se como um *sintoma* do abuso no exercício do poder punitivo por parte dos órgãos competentes. Tal constatação poderia muito bem ser estrategicamente enfrentada antes do início da própria persecução penal, cuja inauguração deveria ser pautada mais pela lógica da oportunidade do que da obrigatoriedade, conforme bem salientado por Suxberger.[51]

Para enfrentar o encarceramento em massa, esse grave sintoma da falência múltipla dos órgãos de persecução penal, é imprescindível uma diagnose em âmbito nacional, o que pode ser observado no monitoramento do sistema carcerário em termos quantitativos, para, a partir de então, ser feito o planejamento e a implementação de ações coordenadas e tendentes à reversão do alarmante quadro.

No plano internacional, em meio aos 193 Estados-membros da Organização das Nações Unidas, o Brasil assumiu o compromisso

---

[49] BRASIL. Supremo Tribunal Federal (STF). *Arguição de Descumprimento de Preceito Fundamental (ADPF) n. 347 (MC)*. Distrito Federal. Julgado em 09 set. 2015.
[50] BRASIL. Conselho Nacional e Justiça. *Estatísticas BNMP – Nacional*. Versão atualizada on-line, atualização on-line. Disponível em: https://portalbnmp.cnj.jus.br/#/estatisticas. Acesso em: 30 jul. 2021.
[51] SUXBERGER, Antonio Henrique Graciano. O encarceramento em massa na agenda do desenvolvimento sustentável das Nações Unidas: consequências para a ação penal no Brasil. *Revista Internacional Consinter de Direito*, v. 2, n. 3, 2016. Disponível em: https://revistaconsinter.com/revistas/ano-ii-volume-iii/parte-1-direito-e-sustentabilidade/o-encarceramento-em-massa-na-agenda-do-desenvolvimento-sustentavel-das-nacoes-unidas-consequencias-para-a-acao-penal-no-brasil/.

consubstanciado na Agenda 2030,[52] a qual prevê, como 16º Objetivo de Desenvolvimento Sustentável, "Paz, Justiça e instituições eficazes", no qual a Meta 16.3 ("Promover o Estado de Direito, em nível nacional e internacional, e garantir a igualdade de acesso à justiça, para todos") tem como um dos indicadores a "proporção de presos sem sentença em relação ao total da população prisional".

A presença do indicador referente ao percentual de presos que aguardam sentença em relação ao número total da população prisional, dito de forma metafórica e hiperbólica, aponta para a *febre convulsiva* em que se encontra o sistema prisional brasileiro.

Um simples cálculo com os dados indicados linhas atrás e fornecidos em tempo real pelo CNJ, excluindo-se os números da prisão civil (1.353 indivíduos), indica que temos uma população carcerária de 911.069 pessoas, em relação à qual a quantidade de presos e internados provisórios (614.050 indivíduos) resulta no percentual aproximado de 67,40%.

Deve-se atentar para as assimetrias evidenciadas quando se analisam as diferentes unidades da federação, o que reafirma a existência de profundas desigualdades sociais e regionais, cujo enfrentamento é objetivo constitucional da República, conforme bem observado por Suxberger.[53]

O problema do encarceramento (massivo) de seres humanos revela-se como preocupação comum das teorias abolicionistas e agnósticas, tendo em vista que materializa a forma mais extrema de controle social formal mediante imposição de dor e sofrimento – para além da "mera" privação da liberdade individual – e que descumpre muito abertamente as finalidades declaradas da pena.

Nesse sentido, a lógica carcerogênica que permeia o sistema penal (especialmente o brasileiro) obstaculiza o franco desenvolvimento prático de propostas relacionadas ao abolicionismo e ao próprio

---

[52] BRASIL. Conselho Nacional de Justiça (CNJ). *Encontro Ibero-Americano da Agenda 2030 no Poder Judiciário*. Disponível em: https://www.cnj.jus.br/wp-content/uploads/conteudo/arquivo/2019/08/b244303e0db6062f1b0d6a05c20fd1b8.pdf. Acesso em: 5 abr. 2020.

[53] SUXBERGER, Antonio Henrique Graciano. O encarceramento em massa no Brasil a partir de suas assimetrias: o que dizem os números e sua relação com a segurança pública. *In*: SUXBERGER, Antonio Henrique Graciano *et al*. (Org.). *Segurança Pública*: os desafios da pós-modernidade. Rio de Janeiro: Lumen Juris, 2019. p. 51.

restaurativismo.⁵⁴ A perspectiva abolicionista assume, assim, um cariz relativamente utópico, tendo em vista o infinito trilhar no sentido da abolição, no mínimo, do sistema prisional, em meio a uma sociedade marcada por discursos punitivistas, violência e racismo estrutural.

A propósito do racismo estrutural no contexto brasileiro, Silvio Almeida destaca que o sistema carcerário funciona sob o pretenso objetivo de contenção da criminalidade e o real desiderato de controle racial da pobreza.⁵⁵ Afinal, a título de breve reflexão, o cárcere é, além de tudo, onde se deposita o excedente social que não se encaixa na meritocracia, pautada por critérios de branquitude, masculinidade, heterossexualidade e cisnormatividade.⁵⁶

Para enfrentar o sério problema do encarceramento em massa, o restaurativismo precisa ganhar cada vez mais fôlego e espaço. Porém, questiona-se: em quais institutos do ordenamento jurídico se verifica a possibilidade de exercer o juízo de oportunidade na instauração da ação penal? Tal medida é suficiente para enfrentar o problema carcerário? Seria possível ampliar o espaço normativo e viabilizar maior incidência da justiça restaurativa, em verdadeira e gradual mudança do paradigma punitivo para o restaurativo?

2.4 Aplicabilidade do modelo restaurativo em crimes graves em face do punitivismo e do mito da obrigatoriedade da ação penal

Neste subtópico, parte-se da premissa de que o enfrentamento do problema carcerário reclama inicialmente a máxima exploração do juízo de oportunidade por parte dos órgãos de persecução penal, a fim de conferir racionalidade e eficiência ao processo penal. Porém, como se observará adiante, o espaço normativo de cabimento da oportunidade quanto à instauração de processos criminais é demasiadamente estreito e insuficiente para solucionar o problema do encarceramento em massa.

Atualmente, há dois institutos penais por excelência que materializam o princípio da oportunidade no oferecimento da ação penal.

---

54   RIBEIRO, Flora Deane Santos; HIRSCH, Fábio Periandro de Almeida. O abolicionismo penal e a justiça restaurativa: modelos lastreados pelos direitos fundamentais e humanos. *Revista Transgressões – Ciências Criminais em Debate*, Natal, v. 7, n. 1, jun. 2019. p. 117.

55   ALMEIDA, Silvio. *O que é racismo estrutural?* Belo Horizonte: Letramento, 2018. p. 63.

56   ALMEIDA, Silvio. *O que é racismo estrutural?* Belo Horizonte: Letramento, 2018. p. 63.

O primeiro deles é a colaboração premiada, prevista pela Lei nº 12.850/2013,[57] que dispõe sobre organizações criminosas e cujo âmbito de incidência, que já era estreito, restou ainda mais reduzido por força da alteração promovida pela Lei nº 13.964/2019,[58] a qual inclui como condição do não oferecimento da denúncia a ausência de prévio conhecimento sobre a infração penal por parte do colaborador, ou seja, ausência de instauração de procedimento investigativo sobre o fato narrado pelo colaborador.

O segundo instituto é o acordo de não persecução penal, inserido pela mencionada Lei nº 13.964/2019[59] no artigo 28-A do Código de Processo Penal.[60] Por meio dele, se não for o caso de arquivamento do procedimento investigatório, o Ministério Público pode deixar de oferecer a ação penal, desde que o investigado apresente confissão formal e circunstanciada sobre a prática de infração penal, sem violência ou grave ameaça à pessoa, cuja pena mínima seja inferior a 04 (quatro) anos.

De início, já se observa uma franca insuficiência de ambos os institutos como meio de enfrentamento do problema carcerário, tendo em vista o estreito espaço normativo de incidência dado a cada um dos institutos, notadamente no que diz respeito ao acordo de não persecução penal, o qual não incide em caso de reincidência delitiva nem quando a infração penal tenha sido praticada com violência ou grave ameaça à pessoa – ou seja, destina-se aos delitos de pequeno ou médio potencial ofensivo e aos indivíduos primários.

Para além do estreito espaço normativo que o ordenamento jurídico brasileiro confere ao juízo de oportunidade da persecução penal, observa-se que o direito penal pátrio se encontra em hipertrofia

---

[57] BRASIL. *Lei nº 12.850, de 2 de agosto de 2013*. Define organização criminosa e dispõe sobre a investigação criminal, os meios de obtenção da prova, infrações penais correlatas e o procedimento criminal; altera o Decreto-Lei 2.848, de 7 de dezembro de 1940 (Código Penal); revoga a Lei n. 9.034, de 3 de maio de 1995; e dá outras providências. Dispõe sobre os Juizados Especiais Cíveis e Criminais e dá outras providências. *Diário Oficial da União* de 05.08.2013 – edição extra. Texto atualizado disponível em: http://www.planalto.gov.br. Acesso em: 5 abr. 2020.

[58] BRASIL. *Lei nº 13.964*, de 24 de dezembro de 2019. Aperfeiçoa a legislação penal e processual penal. *Diário Oficial da União* de 24.12.2019 – edição extra. Texto atualizado disponível em: http://www.planalto.gov.br. Acesso em: 5 abr. 2020.

[59] BRASIL. *Lei nº 13.964*, de 24 de dezembro de 2019. Aperfeiçoa a legislação penal e processual penal. *Diário Oficial da União* de 24.12.2019 – edição extra. Texto atualizado disponível em: http://www.planalto.gov.br. Acesso em: 5 abr. 2020.

[60] BRASIL. *Decreto-lei nº 3.689*, de 3 de outubro de 1941. Código de Processo Penal. *Diário Oficial da União* de 13.10.1941 e retificado em 24.10.1941. Texto atualizado disponível em: http://www.planalto.gov.br. Acesso em: 5 abr. 2020.

e, consoante bem pontuado por Suxberger,[61] esse meio de controle social não mais se orienta pela ideia de *ultima ratio*, mas sim de *prima ratio*, consubstanciado em uma legislação de cariz simbólico e estigmatizante, sem qualquer cuidado em termos de política criminal hábil a promover conquistas de emancipação e de espaços sociais.

Pode-se citar como evidência da legislação penal emergencial a supramencionada Lei nº 13.964/2019.[62] Sobre as alterações promovidas no Código Penal,[63] claramente se observa a tônica de recrudescer penas, como ocorre no aumento do tempo máximo de cumprimento das penas privativas de liberdade, de 30 (trinta) anos para 40 (quarenta) anos (artigo 75) e, na parte especial, destaca-se o roubo com emprego de arma de fogo de uso restrito ou proibido (artigo 157, §2º-B), cuja pena é aplicada em dobro em relação à prevista no *caput* do artigo – o que supera a sanção prevista para o homicídio simples. Quanto à Lei de Execução Penal,[64] observa-se o aumento do tempo necessário de cumprimento de pena para progressão de regime, atingindo-se o percentual de 70% quanto ao reincidente em crime hediondo (artigo 112, inciso VIII).

Cláudio Daniel de Souza e Daniel Achutti[65] destacam a inequívoca influência da cultura do medo difundida pelos meios de comunicação e consistente no desejo de encarceramento a todo custo (como única solução ao problema da criminalidade e da suposta impunidade) e no desejo de punições ilegais (como os linchamentos e os suplícios); os autores defendem ainda como solução à superação do dogma punitivista a adoção da justiça restaurativa como meio alternativo de solução dos conflitos ora definidos como criminais.

É plenamente possível superar as limitações impostas pela cultura do medo, por exemplo, com o uso diferenciado dos meios de

---

[61] SUXBERGER, Antonio Henrique Graciano. *Ministério Público e Política Criminal*: uma segurança pública compromissada com os direitos humanos. Curitiba: Juruá, 2010. Cap. 2.

[62] BRASIL. *Lei nº 13.964*, de 24 de dezembro de 2019. Aperfeiçoa a legislação penal e processual penal. *Diário Oficial da União* de 24.12.2019 – edição extra. Texto atualizado disponível em: http://www.planalto.gov.br. Acesso em: 5 abr. 2020.

[63] BRASIL. *Decreto-lei nº 2.848*, de 7 de dezembro de 1940. Código Penal. *Diário Oficial da União* de 31.12.1940. Texto atualizado disponível em: http://www.planalto.gov.br. Acesso em: 5 abr. 2020.

[64] BRASIL. *Lei nº 7.210*, de 11 de julho de 1984. Institui a Lei de Execução Penal. *Diário Oficial da União* de 13.07.1984. Texto atualizado disponível em: http://www.planalto.gov.br. Acesso em: 5 abr. 2020.

[65] SOUZA, Cláudio Daniel de; ACHUTTI, Daniel. Cultura do medo e justiça restaurativa: o papel dos meios alternativos de resolução de conflitos no âmbito penal na construção de uma sociedade democrática. *Revista de Formas Consensuais de Solução de Conflitos*, Porto Alegre, v. 4, n. 2, p. 13-27, jul.-dez. 2018.

comunicação para democratizar e ampliar cada vez mais o acesso aos debates realizados no meio acadêmico, em verdadeiro salto qualitativo quanto ao teor das informações propagadas na mídia. Tal estratégia fortaleceria o senso crítico da população, oxigenaria as ideias e as tomadas de decisão na esfera pública, inclusive no plano eleitoral, para que a cidadania não seja moeda de troca empregada na obtenção de leis penais mais duras.

Marilande Fátima Manfrin Leida e Matheus Felipe de Castro[66] ressaltam que a política de recrudescimento de penas e a expansão emergencial do direito penal representam um grande entrave à adoção da justiça restaurativa como meio alternativo de resolução de conflitos. Em termos legislativos, é necessário inverter a atual lógica de hipertrofia, com os ajustes que se fizerem necessários em face dos arranjos institucionais, de modo que o direito penal realmente passe a atuar em *ultima ratio*, como instância final e subsidiária de solução de conflitos sociais, de modo a concretizar o princípio da mínima intervenção penal.

Nesse trilhar, Raquel Tiveron[67] ressalta que a justiça restaurativa não tem o mesmo grau de ousadia da proposta abolicionista radical, a qual defende uma abolição total do sistema de controle penal, tarefa na prática irrealizável de prontidão; no entanto, a proposta restaurativa situa-se nesse longo caminho em uma posição intermediária, de mãos dadas com o minimalismo penal, fundado na premente necessidade de contenção do poder punitivo estatal, por meio de soluções como a despenalização, o recurso a penas alternativas, a reparação da vítima e inclusive a progressiva descriminalização de condutas.

As linhas conceituais da justiça restaurativa são fluidas, não sendo possível – nem mesmo desejável – estabelecer conceito impermeável, pois, conforme destaca Pallamolla,[68] trata-se de uma estrutura aberta e polissêmica em que se sobressaem seus princípios, valores, meios e finalidades, diametralmente opostos ao do paradigma punitivo, pois enfatizam as necessidades da vítima, a responsabilização do ofensor,

---

[66] LEIDA, Marilande Fátima Manfrin; CASTRO, Matheus Felipe de. Neorretributivismo no direito penal brasileiro: obstáculos à realização de uma justiça restaurativa. *Revista de Direito Penal, Processo Penal e Constituição*, Salvador, v. 4, n. 1, jan.-jun. 2018. p. 81.

[67] TIVERON, Raquel. *Justiça Restaurativa e emergência da cidadania na dicção do direito*: a construção de um novo paradigma de justiça criminal. Brasília: Trampolim, 2017. 574 p.

[68] PALLAMOLLA, Raffaella da Porciuncula. *Justiça Restaurativa*: da teoria à prática. São Paulo: IBCCRIM, 2009. p. 194.

o empoderamento das partes envolvidas, e, sempre que possível, o restabelecimento dos laços sociais rompidos.

A abertura semântica e a fluidez do restaurativismo permitem observar que não existe impedimento teórico algum à sua aplicação em face de crimes mais graves. Entretanto, de acordo com Roger Matthews, o mito da punitividade encerra em si os seguintes processos potencialmente produtores de um mundo marcado pela sensação intensa de segurança e ansiedade: declínio do assistencialismo e do ideal reabilitativo como fundamento central para a punição e a prisão, desestruturação das relações sociais, fragmentação de comunidades, individualismo ascendente e advento da sociedade de risco.[69]

Vale ressaltar que, dentre os valores que orientam a justiça restaurativa, destaca-se a participação de todos os envolvidos no fato danoso para se observar que a construção do paradigma restaurativo igualmente demanda um processo de profunda tomada de consciência e de participação democrática. A justiça restaurativa não pode ser imposta a toque de caixa, de modo impositivo e ideológico, como mera substituição (ou acoplamento) ao paradigma punitivo que atualmente orienta o sistema de controle penal, do contrário, poderá simplesmente servir como apêndice do sistema de justiça, em mimetização ao paradigma punitivo.

No Brasil, a partir da Resolução nº 255 do Conselho Nacional de Justiça[70] e do Mapeamento dos Programas de Justiça Restaurativa,[71] consolidado em junho de 2019 pelo Comitê Gestor em parceria com o Departamento de Pesquisas Judiciárias (objetos de análise detalhada do próximo capítulo da obra), apontam a franca tendência de expansão de práticas restaurativas adotadas no âmbito do judiciário nacional.

No que concerne aos campos de aplicação das práticas restaurativas, destaca-se tanto a grande diversidade de áreas de incidência quanto sua menor frequência de aplicação, no âmbito criminal, em

---

[69] MATTHEWS, Roger. O mito da punitividade revisitado. *In*: MACHADO, Bruno Amaral (Coord.). *Justiça Criminal e Democracia*. São Paulo; Barcelona: Marcial Pons; FESMPDFT, 2015. v. II, p. 29.

[70] BRASIL. *Resolução CNJ nº 225*, de 31 de maio de 2016. Dispõe sobre a Política Nacional de Justiça Restaurativa no âmbito do Poder Judiciário e dá outras providências. Disponível em: https://atos.cnj.jus.br/atos/detalhar/atos-normativos?documento=2289. Acesso em: 16 ago. 2020.

[71] BRASIL. Conselho Nacional de Justiça. *Mapeamento dos Programas de Justiça Restaurativa*. Disponível em: https://www.cnj.jus.br/wp-content/uploads/conteudo/arquivo/2019/06/8e6cf55c06c5593974bfb8803a8697f3.pdf. Acesso em: 16 ago. 2020.

relação aos delitos graves/gravíssimos e aos delitos sexuais, quando comparados aos demais delitos (inclusive atos infracionais).[72] Nesse cenário complexo e aparentemente paradoxal, sob a perspectiva fornecida pela teoria agnóstica, serão destacadas algumas possíveis críticas ao modelo ora desenvolvido no país.

2.5 Críticas ao expansionismo do modelo restaurativo sob a lente agnóstica

Antes de abordar três críticas à tendência expansionista do modelo restaurativo, ousa-se recorrer a uma metáfora para ilustrar o percurso trilhado até o momento. A justiça restaurativa é um coração pulsante, dinâmico e cheio de vida. Seus movimentos diastólicos, ou seja, de franca expansão, são aqui representados pelo amplo espaço conquistado junto ao Judiciário. Em compensação, os movimentos sistólicos, de contração e limite, residem no agnosticismo enquanto essência das críticas em face da (des)legitimidade do sistema penal e, igualmente, do próprio modelo restaurativo acoplado a tal sistema.

As primeiras críticas situam-se entre as concepções do que sejam o minimalismo e o maximalismo na justiça restaurativa. Juliana Benedetti[73] esclarece bem os dois pontos: i. a concepção minimalista enfatiza a forma do processo restaurativo, com a participação dos afetados pelo crime, sem conferir muita importância ao resultado atingido, sendo criticável por exercer um impacto inexpressivo sobre o sistema penal tradicional e por simplesmente agregar um procedimento restaurativo ao procedimento comum, o que pode conduzir a resultados com viés punitivo; ii. a concepção maximalista enfatiza os resultados afins à reparação do dano, ainda que impostos por sentença e mesmo que isso implique abdicar à dimensão participativa do modelo restaurativo – postura igualmente criticável por conformar-se com o procedimento judicial tradicional, desde que haja alguma reparação.

Pode-se identificar uma segunda forte crítica ao expansionismo do modelo restaurativo de justiça. Trata-se da paradoxal revitimização

---

[72] BRASIL. Conselho Nacional de Justiça. *Mapeamento dos Programas de Justiça Restaurativa*. Disponível em: https://www.cnj.jus.br/wp-content/uploads/conteudo/arquivo/2019/06/8e6cf55c06c5593974bfb8803a8697f3.pdf. Acesso em: 16 ago. 2020.

[73] BENEDETTI, Juliana Cardoso. *Tão próximos, tão distantes*: a justiça restaurativa entre comunidade e sociedade. Dissertação de Mestrado. Faculdade de Direito da Universidade de São Paulo, 2009. p. 45-46.

observada na aplicação irrefletida de práticas restaurativas, sem atenção ao especial contexto dos delitos. Ana Lúcia Sabadell e Lívia Paiva[74] destacam os riscos de se implementarem práticas restaurativas (como a mediação), sem atenção às peculiaridades dos casos que envolvem violência doméstica contra a mulher (ciclo que deve ser interrompido pelas medidas protetivas de urgência), o que pode redundar na submissão da ofendida a um tratamento desumano ou degradante.

A terceira crítica possível tem raiz criminológica e forte traço agnóstico: o chamado *netwidening*. Trata-se do risco de extensão da rede formal de controle, como um efeito contraditório e perverso da utilização da justiça restaurativa com pretensão de reduzir o uso do sistema penal.[75]

Observa-se tal fenômeno em duas situações destacadas por Pallamolla:[76] i. na ausência de regras específicas que determinem a consideração dos acordos restaurativos no momento da sentença judicial, para evitar a simples soma entre as duas respostas ao delito, que viola o princípio *no bis in idem*; ii. na aplicação da solução restaurativa apenas depois da condenação e durante a execução da pena, sem reduzir a utilização da pena de prisão.

Sob uma perspectiva agnóstica, as críticas tendem, em última análise, a deslegitimar a justiça restaurativa enquanto simbioticamente acoplada ao sistema de justiça penal. Com efeito, se o modelo restaurativo se expandir de forma irracional, desvinculada da realidade e desvirtuada de seus princípios, será reduzido a um apêndice do sistema judiciário, em apenas mais uma instância formal de controle desprovida de legitimidade material.

Ao tempo em que o modelo restaurativo se encontra em franca expansão no Judiciário brasileiro, há que se atentar para a necessidade de monitoramento constante das práticas desenvolvidas e dos resultados obtidos, bem como a atenção a parâmetros mínimos de racionalidade, parcimônia e cautela na aplicação das práticas em face das peculiaridades dos crimes. Esse movimento de contenção pode prevenir abusos, evitar a revitimização e preservar a legitimidade do modelo restaurativo.

---

[74] SABADELL, Ana Lúcia; PAIVA, Lívia de Meira Lima. Diálogos entre feminismo e criminologia crítica na violência doméstica: justiça restaurativa e medidas protetivas de urgência. *Revista Brasileira de Ciências Criminais*, São Paulo, v. 153, p. 173-206, mar. 2019.

[75] PALLAMOLLA, Raffaella da Porciuncula. *Justiça restaurativa*: da teoria à prática. São Paulo: IBCCRIM, 2009. p. 139.

[76] *Ibidem*, p. 145.

Afinal, se o *coração* da justiça restaurativa realizar apenas seus impulsos diastólicos, expansionistas, sem as necessárias contrações sistólicas, de contenção, a inevitável *arritmia* decorrente desse desequilíbrio poderá causar um *infarto* fulminante e a morte precoce do modelo restaurativo, pela perda de sua legitimidade e de sua razão de ser.

Uma vez tecidas possíveis críticas sob a lente agnóstica ao expansionismo da justiça restaurativa pelo Brasil, reforça-se, novamente, que a pesquisa não toma o abolicionismo nem o agnosticismo penal como premissas de realização do modelo restaurativo de justiça. Afinal, trata-se de um paradigma em construção que, por se sobrepor às categorias teóricas, não se firma nas mesmas como condições inescapáveis, pois isso resultaria em vazio ou utopia.

O capítulo seguinte cuidará de abordar a justiça restaurativa sob o olhar da política pública, ora em intersecção com o campo do direito. A partir da análise da Resolução nº 225 do Conselho Nacional de Justiça, vários questionamentos surgem: a adoção da lógica *top-down* se mostra como vício ou virtude? Quais as dimensões do direito mais intimamente relacionadas com o tema da Resolução? O *netwidening* pontuado neste tópico 2.5 possui que projeções possíveis? Por fim, qual o lugar ocupado pela justiça restaurativa com a Resolução nº 225?

3

CONFORMAÇÃO DA JUSTIÇA RESTAURATIVA COMO POLÍTICA PÚBLICA NO BRASIL

Como se delineia o restaurativismo nos moldes de política judiciária nacional e quais suas implicações? A análise dessa questão sob a perspectiva da Resolução nº 225/CNJ será realizada em diferentes espectros. O primeiro deles consiste em observar a lógica *top-down* como "pecado original" da referida norma desde a gênese e analisada em sua integralidade, de forma detida e crítica, no campo de intersecção entre direito e políticas públicas.

Na sequência, as quatro dimensões do direito são pontuadas (direito como: objetivo, arranjo institucional, caixa de ferramentas e vocalizador de demandas), com ênfase para o nível do direito como objetivo, vale dizer, como positivação, dever ser, cogência, e a tensão decorrente da existência ou não de risco de desnaturação dos ideais restaurativos, marcados por fluidez, polissemia, autonomia, complexidade, voluntariedade.

Ainda, é analisado o fenômeno denominado *netwidening*, consistente na expansão da rede de controle formal, como um efeito perverso da verticalização. No ponto, analisa-se a monitoração da ampla aderência dos tribunais do país no que diz respeito à justiça restaurativa e a ausência de previsão legal a respeito da consideração do acordo restaurativo no momento da sentença e do cumprimento de pena como fator de aumento do risco de expansão da rede de controle formal, que poderia ser equacionado (ao menos em parte) com a lógica da *ultima ratio* para as persecuções penais.

A proximidade entre a dimensão do direito como vocalizador de demandas e a possível resposta pela lógica *bottom-up* da política pública é analisada no penúltimo tópico deste capítulo. Especial destaque é dado na paradoxal timidez da Resolução nº 225 em prever mecanismos efetivos de democratização do acesso qualificado à justiça segundo os moldes restaurativos, sob a perspectiva dos indivíduos e comunidades locais, em face da discricionária interdição de práticas e programas em curso que, em tese, contrariem os princípios enumerados de forma não exaustiva pela norma.

Por fim, analisa-se o lócus da justiça restaurativa enquanto acoplada ao sistema judiciário, sem diversificação das respostas diante de conflitos interpessoais. Destaca-se a persistente cultura penalizante e aflitiva que domina nosso sistema de justiça, o que dificulta, mas que não deve impedir, uma paulatina reforma de bases para pensar e implementar novos modos de se fazer justiça, de se gerir conflitos e buscar reparar danos (em vez de acentuá-los).

3.1 Lógica *top-down* como "pecado original" na gênese da Resolução nº 225/CNJ

O Conselho Nacional de Justiça publicou a Resolução nº 225[77] em 31 de maio de 2016 para dispor sobre a Política Nacional de Justiça Restaurativa no âmbito do Poder Judiciário, bem como estabelecer outras providências. O ato normativo conta com um rol de considerandos seguido de oito capítulos em trinta artigos sobre estruturação do restaurativismo enquanto política pública judiciária. Diante de sua importância central para a presente pesquisa, a mencionada norma será analisada detida e criticamente neste tópico, para o fim de se desenhar a moldura jurídica basilar da justiça restaurativa em nosso país e algumas possíveis implicações.

Um rol de dez considerandos pavimenta o rumo normativo da Resolução. Ali, pontua-se inicialmente que: os princípios básicos da implantação da Justiça Restaurativa nos Estados-membros da Organização das Nações Unidas seguem as recomendações expressas

---

[77] BRASIL. *Resolução CNJ nº 225*, de 31 de maio de 2016. Dispõe sobre a Política Nacional de Justiça Restaurativa no âmbito do Poder Judiciário e dá outras providências. Disponível em: https://atos.cnj.jus.br/files/resolucao_225_31052016_02062016161414.pdf. Acesso em: 20 jul. 2021.

nas Resoluções n⁰ˢ 1.999/26, 2.000/14 e 2.002/12; a garantia fundamental do acesso à justiça vem expressa no artigo 5º, inciso XXXV, da Constituição, possui vertente formal diante dos órgãos judiciários e igualmente conduz ao acesso a soluções efetivas de conflitos por meio de ordem jurídica justa e compreende uso de meios consensuais, voluntários e mais adequados para alcançar a pacificação de disputas; os fenômenos conflito e violência são dotados de complexidade e devem ser considerados em seus aspectos relacionais individuais, bem como comunitários, institucionais e sociais que contribuem para sua formação, o que exige estabelecer fluxos e procedimentos que cuidem das múltiplas dimensões do conflito e da violência e prover espaços apropriados e adequados; relevância e necessidade de buscar uniformidade do próprio conceito de Justiça Restaurativa em âmbito nacional, a fim de evitar disparidades de orientação e ação, bem como para assegurar boa execução da política pública respectiva, com o devido respeito às especificidades de cada segmento da Justiça; o papel do Judiciário no aprimoramento permanente de suas respostas às demandas sociais relacionadas a conflitos e violência, com objetivo perene de promoção da paz social.[78]

Na sequência, são considerados: a permissão normativa dos artigos 72, 77 e 89 da Lei nº 9.099/95 para a homologação de acordos celebrados em procedimentos próprios sob os fundamentos da justiça restaurativa, a exemplo da composição civil, da transação penal ou da suspensão condicional do processo criminal em trâmite perante juizados especiais criminais ou varas criminais; a previsão do artigo 35, incisos II e III, da Lei nº 12.594/2012, acerca do atendimento a adolescentes em conflito com a lei, em observância aos princípios da excepcionalidade, da intervenção judicial e da imposição de medidas, com o favorecimento de autocomposição de conflitos, com priorização a práticas ou medidas restaurativas e que atendam às vítimas sempre que possível; a competência do CNJ no controle da atuação administrativa e financeira do Judiciário e na observância do artigo 37 da Constituição; a competência do CNJ em contribuir no desenvolvimento da justiça restaurativa, a qual exsurge como diretriz estratégica de gestão da Presidência do CNJ no biênio 2015-2016, conforme a Portaria nº 16, de fevereiro de 2015, de onde surgiu a Meta 8 para 2016 que abrange todos os Tribunais; o resultado do Grupo de Trabalho instituído pela Portaria nº 74 do CNJ, de 12 de agosto de 2015, e a decisão do Plenário do CNJ nos autos do

---

[78] Idem.

Ato Normativo nº 0002377-12.2016.2.00.0000, por ocasião da 232ª Sessão Ordinária, em 31 de maio de 2016.[79]

O Capítulo I da Resolução nº 225 cuida da justiça restaurativa. O artigo 1º a define como conjunto ordenado e sistêmico de princípios, métodos, técnicas e atividades próprias, que visa à conscientização sobre fatores relacionais, institucionais e sociais motivadores de conflitos e violência, e por meio do qual os conflitos que geram dano, concreto ou abstrato, a serem solucionados de modo estruturado, com a necessária participação do ofensor e da vítima (quando houver), de suas famílias e demais envolvidos no evento danoso, com presença de representantes da comunidade atingida direta ou indiretamente pelo fato e um ou mais facilitadores restaurativos; as práticas restaurativas estarão sob coordenação de facilitadores restaurativos capacitados em técnicas de autocomposição e consensuais de resolução de conflitos próprias da justiça restaurativa (facilitador pode ser servidor do tribunal, agente público, voluntário ou indicado por entidades parceiras); o foco das práticas restaurativas consiste em satisfazer necessidades de todos os envolvidos, responsabilizar ativamente envolvidos diretos e indiretos no fato e empoderar a comunidade, com destaque para reparação do dano e recomposição do tecido social rompido pelo conflito e suas implicações futuras.[80]

Uma série de conceitos é apresentada no parágrafo primeiro do artigo primeiro da Resolução nº 225: *prática restaurativa* consiste em uma forma diferenciada de tratar as situações narradas no *caput* do dispositivo em análise; *procedimento restaurativo* é conjunto de atividades e etapas a serem promovidas com objetivo de compor as situações referidas no *caput*; *caso* é qualquer das situações enunciadas no *caput* e apresentadas para solução por meio de práticas restaurativas; *sessão restaurativa* denota todo e qualquer encontro, inclusive preparatório ou de acompanhamento, entre pessoas diretamente envolvidas nos fatos referidos pelo *caput*; *enfoque restaurativo* é abordagem diferenciada de situações descritas no *caput*, ou dos contextos a elas relacionados, com a consideração de certos elementos (participação de envolvidos, famílias e comunidades, atenção às necessidades legítimas de vítima e ofensor,

---

[79] BRASIL. *Resolução CNJ nº 225*, de 31 de maio de 2016. Dispõe sobre a Política Nacional de Justiça Restaurativa no âmbito do Poder Judiciário e dá outras providências. Disponível em: https://atos.cnj.jus.br/files/resolucao_225_31052016_02062016161414.pdf. Acesso em: 20 jul. 2021.
[80] *Idem.*

reparação de danos sofridos e compartilhamento de responsabilidades e obrigações entre ofensor, vítima, famílias e comunidade para superação de causas e efeitos do ocorrido).[81] O parágrafo segundo do artigo primeiro afirma a possibilidade de o procedimento restaurativo ser aplicado alternativa ou concomitantemente ao processo convencional, com implicações a serem consideradas caso a caso, à luz do sistema processual correlato e visando sempre às melhores soluções para as partes envolvidas e para a comunidade.[82]

O *caput* do artigo segundo enumera os seguintes princípios orientadores da justiça restaurativa: corresponsabilidade, reparação dos danos, atendimento às necessidades de todos os envolvidos, informalidade, voluntariedade, imparcialidade, participação, empoderamento, consensualidade, confidencialidade, celeridade e urbanidade.[83] Por sua vez, os cinco parágrafos do artigo segundo enunciam: para o trabalho do conflito pela justiça restaurativa, a necessidade de as partes reconhecerem (ainda que em ambiente confidencial incomunicável com a instrução penal) como verdadeiros os fatos essenciais, sem que gere confissão de culpa em eventual retorno do conflito ao processo judicial; como condição fundamental para a prática restaurativa, o consentimento prévio, livre e espontâneo de todos os participantes, com direito à retratação a qualquer tempo, até que seja homologado o procedimento restaurativo; a necessidade de se informarem todos os participantes sobre procedimento, possíveis consequências da participação e direito à orientação jurídica em qualquer fase do procedimento; tratamento justo e digno a todos os participantes, respeito mútuo entre as partes, auxiliadas a construir (a partir da reflexão e da assunção de responsabilidades) uma solução cabível e eficaz, com vistas ao futuro; formulação do acordo decorrente de procedimento restaurativo a partir da livre manifestação de vontade dos participantes e com termos aceitos voluntariamente, com obrigações razoáveis, proporcionais e que preservem a dignidade dos envolvidos.[84]

---

[81] BRASIL. *Resolução CNJ nº 225*, de 31 de maio de 2016. Dispõe sobre a Política Nacional de Justiça Restaurativa no âmbito do Poder Judiciário e dá outras providências. Disponível em: https://atos.cnj.jus.br/files/resolucao_225_31052016_02062016161414.pdf. Acesso em: 20 jul. 2021.

[82] *Idem*.

[83] *Idem*.

[84] BRASIL. *Resolução CNJ nº 225*, de 31 de maio de 2016. Dispõe sobre a Política Nacional de Justiça Restaurativa no âmbito do Poder Judiciário e dá outras providências. Disponível

O Capítulo II da Resolução nº 225 cuida das atribuições do Conselho Nacional de Justiça. Em seu artigo 3º, consta como competência do CNJ organizar programa que objetive promover ações de incentivo à justiça restaurativa, sob estas linhas programáticas: caráter universal, para proporcionar acesso a procedimentos restaurativos por parte de todos os jurisdicionados interessados em resolver conflitos por abordagens restaurativas; caráter sistêmico, em busca de estratégias que, no atendimento dos casos, promovam integração de redes familiares e comunitárias e das políticas públicas relacionadas à causa ou solução; caráter interinstitucional, com mecanismos de cooperação aptos à promoção da justiça restaurativa junto a diversas instituições afins, acadêmicas e organizações de sociedade civil; caráter interdisciplinar, com estratégias aptas a agregar o tratamento dos conflitos e o conhecimento das diversas áreas científicas afins, dedicadas ao estudo de fenômenos correlatos à aplicação da justiça restaurativa; caráter intersetorial, com estratégias de aplicação da justiça restaurativa de forma colaborativa com demais políticas públicas (em especial, segurança, assistência, educação e saúde); caráter formativo de multiplicadores de facilitadores em justiça restaurativa; e caráter de suporte, com mecanismos de monitoramento, pesquisa e avaliação e base de dados.[85]

Por sua vez, o artigo 4º prevê a implementação do programa com a participação da rede formada pelos órgãos do Judiciário e por entidades públicas e privadas parceiras, inclusive universidades e instituições de ensino.[86] O dispositivo ainda pontua que cabe ao CNJ: assegurar que a atuação de servidores não seja compulsória e que seja computada da carga horária e que o exercício das funções de facilitador voluntário seja considerado como tempo de experiência nos concursos da magistratura; buscar cooperação de órgãos públicos competentes e instituições públicas e privadas de ensino para criação de disciplinas propícias à cultura de não violência e para que nas escolas judiciais, nas capacitações e cursos de formação, haja módulo voltado à justiça restaurativa; firmar interlocução entre Ordem dos Advogados do Brasil, Defensorias Públicas, Procuradorias, Ministério Público e instituições

---

em: https://atos.cnj.jus.br/files/resolucao_225_31052016_02062016161414.pdf. Acesso em: 20 jul. 2021.

[85] Idem.
[86] Idem.

correlatas, para estimular participação na justiça restaurativa e valorizar a atuação preventiva de litígios.[87]

O Capítulo III da Resolução nº 225 cuida das atribuições dos tribunais de justiça. No *caput* do artigo 5º, é prevista a implementação de programas de justiça restaurativa coordenados por órgão competente, estruturado e organizado para esse fim, com representação de magistrados e equipe técnico-científica. Os incisos preveem estas atribuições: desenvolvimento de plano de difusão, expansão e implantação da justiça restaurativa, sempre com respeito à qualidade necessária à implementação; concretização dos objetivos programáticos mencionados no artigo 3º e interlocução com a rede de parcerias citada no artigo 4º; capacitação, treinamento e atualização permanente de magistrados, servidores e voluntários nas técnicas e métodos restaurativos, primando pela qualidade da formação, cuja essência consiste em respostas a situações de vulnerabilidade e de atos infracionais em uma lógica de fluxo interinstitucional e sistêmica, em articulação com a Rede de Garantia de Direitos; promoção da criação e instalação de espaços de serviço para atendimento restaurativo (artigo 6º da Resolução).[88] Os dois parágrafos do artigo 5º dispõem que: compete aos tribunais firmar parcerias ou disponibilizar recursos humanos e materiais para instalação e continuidade do programa e dos serviços de atendimento, realizados mediante atuação de facilitadores de processos restaurativos e equipe técnica interdisciplinar de profissionais como psicólogos e assistentes sociais; e que, para os fins do *caput,* os tribunais devem apoiar e dar continuidade a coordenadorias, núcleos ou setores com atividades institucionais em justiça restaurativa.[89]

O artigo 6º prevê seis diretrizes de implementação de projetos ou espaços de serviço para atendimentos restaurativos pelos tribunais: espaço físico adequado e seguro para receber vítima, ofensor, comunidades e representantes da sociedade; designação de magistrado responsável por coordenar serviços e estrutura, com pessoal de apoio administrativo; formação e manutenção de equipe de facilitadores restaurativos (servidores do quadro ou designados por instituições conveniadas), com

---

[87] BRASIL. *Resolução CNJ nº 225*, de 31 de maio de 2016. Dispõe sobre a Política Nacional de Justiça Restaurativa no âmbito do Poder Judiciário e dá outras providências. Disponível em: https://atos.cnj.jus.br/files/resolucao_225_31052016_02062016161414.pdf. Acesso em: 20 jul. 2021.

[88] Idem.

[89] Idem.

dedicação exclusiva ou parcial, e voluntários, com auxílio de equipes técnicas de apoio interprofissional; rotina de encontros para discussão e supervisão dos casos, com registro e relatórios estatísticos; qualidade dos serviços, pois as respostas a crimes, atos infracionais e situações de vulnerabilidade devem ser sob lógica interinstitucional, sistêmica e articulada com redes de atendimento e parcerias com demais políticas públicas e redes comunitárias; nos espaços de justiça restaurativa, fluxos internos e externos para institucionalização de procedimentos restaurativos, em articulação com redes de atendimento das outras políticas públicas e redes comunitárias, para interconexão de ações de apoio à expansão de princípios e técnicas restaurativas para outros segmentos institucionais e sociais.[90]

O Capítulo IV da Resolução cuida do atendimento restaurativo em âmbito judicial. No artigo 7º, prevê-se a possibilidade de encaminhamento de procedimentos e processos judiciais em qualquer fase de tramitação, pelo juiz, de ofício ou por pedido do Ministério Público, da Defensoria Pública, das partes, dos advogados e dos setores técnicos de psicologia e serviço social, ou por sugestão da autoridade policial nos autos da investigação.[91] O *caput* do artigo 8º diz a forma dos procedimentos restaurativos, sessões coordenadas com participação voluntária dos envolvidos, das famílias, da Rede de Garantia de Direito local e da comunidade, a fim de que a solução obtida possa prevenir recidiva do fato, com vedação de qualquer coação ou de intimação judicial para as sessões.[92] Os parágrafos do artigo 8º detalham: i. coordenação, pelo facilitador restaurativo, dos trabalhos de escuta e diálogo entre envolvidos, com métodos consensuais e autocompositivos próprios da justiça restaurativa, e, durante o procedimento restaurativo, deve-se destacar sigilo, confidencialidade, voluntariedade da sessão, entendimento das causas e consequências do conflito, valor social da norma violada; ii. responsabilidade do facilitador em criar ambiente propício à pactuação da reparação do dano e evitação da recidiva, mediante atendimento das necessidades dos envolvidos; iii. ao final da sessão, se desnecessária nova designação, pode-se assinar acordo passível de homologação judicial

---

[90] BRASIL. *Resolução CNJ nº 225*, de 31 de maio de 2016. Dispõe sobre a Política Nacional de Justiça Restaurativa no âmbito do Poder Judiciário e dá outras providências. Disponível em: https://atos.cnj.jus.br/files/resolucao_225_31052016_02062016161414.pdf. Acesso em: 20 jul. 2021.

[91] Idem.

[92] Idem.

após oitiva do Ministério Público; iv. juntada aos autos de memória da sessão (nome dos presentes, plano de ação, acordos firmados, preservado sigilo e confidencialidade, exceto ressalva feita pelas partes, exigida por lei ou potencial risco à segurança dos participantes); v. inexitosa a composição, veda-se o uso como majorante ou de qualquer informação como meio de prova; vi. com ou sem êxito na autocomposição, pode-se propor plano de ação com orientações, sugestões e encaminhamentos para evitar recidiva, respeitada a confidencialidade, o sigilo e a voluntariedade da adesão dos envolvidos ao plano.[93]

O artigo 9º dispõe que as técnicas autocompositivas do método consensual utilizadas pelos facilitadores restaurativos devem buscar incluir vítima, ofensor, famílias, comunidades, bem como pessoas que, de forma direta ou indireta, sejam responsáveis pelo fato, afetadas pelas consequências do fato e aquelas que possam apoiar os envolvidos (de modo a evitar recidiva).[94] Por sua vez, o décimo artigo prevê que, com o êxito nas técnicas utilizadas, será possível a repercussão em ambiente institucional e social (mediante comunicação e interação com a comunidade do local do fato) e, respeitando-se o sigilo e a confidencialidade, são possíveis encaminhamentos dos envolvidos para atendimento de suas necessidades.[95] O décimo primeiro artigo reforça o artigo 6º, quanto à necessidade de as sessões restaurativas serem realizadas em ambientes adequados e seguros, e o décimo segundo artigo prevê que os procedimentos restaurativos realizados antes da judicialização dos conflitos permitem às partes diretamente interessadas a submissão de acordos e planos de ação à homologação judicial.[96]

O Capítulo V da Resolução nº 225 cuida do facilitador restaurativo. O artigo 13 diz sobre a necessidade de prévia capacitação dos facilitadores para sua admissão e posterior desenvolvimento dos trabalhos restaurativos no Judiciário, bem como sobre o aperfeiçoamento permanente realizado na forma do capítulo seguinte, em curso realizado com base na percepção dos participantes das sessões ao final delas, em

---

[93] *Idem.*
[94] BRASIL. *Resolução CNJ nº 225*, de 31 de maio de 2016. Dispõe sobre a Política Nacional de Justiça Restaurativa no âmbito do Poder Judiciário e dá outras providências. Disponível em: https://atos.cnj.jus.br/files/resolucao_225_31052016_02062016161414.pdf. Acesso em: 20 jul. 2021.
[95] *Idem.*
[96] *Idem.*

formulários próprios.[97] Por sua vez, o artigo 14 elenca oito atribuições do facilitador restaurativo: preparação e realização de conversas ou encontros preliminares com os envolvidos; abertura e condução da sessão restaurativa, de modo a propiciar espaço próprio e qualificado de compreensão do conflito em toda sua amplitude, mediante técnica autocompositiva por método consensual de resolução de conflito (própria da justiça restaurativa), com estimulação do diálogo, reflexão do grupo e que viabilize um feixe de atividades coordenadas para evitação de recidiva ou de reprodução das condições propícias ao dano; atuação em absoluto respeito à dignidade das partes, a eventual hipossuficiência e desequilíbrio social, econômico, intelectual e cultural; diálogo com representantes das comunidades nas sessões; consideração de fatores institucionais e sociais propícios ao surgimento do fato danoso e indicação da necessidade de eliminar ou minorar tais riscos; apoio amplo e coletivo à solução de conflitos; redação de termo de acordo ou atestado de insucesso; incentivo ao grupo em adequações e encaminhamentos necessários, nos aspectos social e comunitário, de forma articulada com a Rede de Garantia de Direito local. Na sequência, o artigo 15 estabelece vedações ao facilitador restaurativo: imposição de decisão, antecipação de decisão judicial, aconselhamento, diagnóstico ou simpatização durante trabalhos restaurativos; testemunhar em juízo sobre informações obtidas no procedimento restaurativo; relato, sem amparo legal, ao juiz, ao promotor, aos advogados ou autoridade do judiciário, sobre o conteúdo de declarações prestadas por envolvidos nos trabalhos restaurativos, sob pena do disposto no artigo 154 do Código Penal (delito de violação do segredo profissional).[98]

Por sua vez, o Capítulo VI da Resolução se ocupa da formação e capacitação. O *caput* do artigo 16 diz caber aos tribunais, pelas escolas judiciais e escolas da magistratura, inclusive mediante parcerias, a promoção de cursos de capacitação, treinamento e aperfeiçoamento de facilitadores restaurativos.[99] Os parágrafos do dispositivo mencionam que a estrutura do plano pedagógico básico dos mencionados cursos deve ser em parceria com os tribunais de justiça (em seus órgãos competentes

---

[97] Idem.
[98] BRASIL. *Resolução CNJ nº 225*, de 31 de maio de 2016. Dispõe sobre a Política Nacional de Justiça Restaurativa no âmbito do Poder Judiciário e dá outras providências. Disponível em: https://atos.cnj.jus.br/files/resolucao_225_31052016_02062016161414.pdf. Acesso em: 20 jul. 2021.
[99] Idem.

representados pela magistratura e com equipe técnico-científica); o plano pedagógico deve levar em conta os dados obtidos em conformidade com o Capítulo VII da Resolução (adiante detalhado); os formadores do curso devem ter experiência comprovada em capacitação no campo da justiça restaurativa, atestados de realização de procedimentos restaurativos e atuação em projetos correlatos.[100] O artigo 17 diz que o conteúdo programático dos cursos deve conter número de exercícios simulados e carga horária mínima, em conformidade com deliberação do comitê gestor de justiça restaurativa, bem como estágio supervisionado estabelecido pelas escolas judiciais e da magistratura; ainda, admite-se capacitação de facilitadores voluntários leigos e oriundos das comunidades, inclusive os indicados por instituições parceiras, a possibilitar maior participação social no procedimento restaurativo e como mecanismo de ampliação de acesso à justiça.[101]

O Capítulo VII da Resolução nº 225 dispõe acerca de monitoramento e avaliação. No artigo 18, consta o dever do órgão responsável do tribunal de acompanhar desenvolvimento e execução dos projetos e prestar suporte e auxílio para que mantenham estreita proximidade com os princípios básicos da justiça restaurativa e as balizas contidas na Resolução; o dever dos tribunais de utilizar formulários próprios, pautados em princípios e metodologia da justiça restaurativa, conforme Resolução CNJ nº 76/2009; a responsabilidade dos tribunais em criar e manter banco de dados sobre atividades da justiça restaurativa.[102] O artigo 19 diz da competência do CNJ de compilação das informações acerca da existência e do desempenho de projetos em justiça restaurativa no país, prestadas pelos tribunais e com base nas quais o CNJ deve promover estudos auxiliados por especialistas para elaboração de plano disciplinar básico relativo à formação em justiça restaurativa junto às escolas judiciais e de magistratura.[103] E o artigo 20 menciona o dever dos tribunais na adoção de parâmetros adequados para avaliação

---

[100] *Idem.*
[101] *Idem.*
[102] BRASIL. *Resolução CNJ nº 225*, de 31 de maio de 2016. Dispõe sobre a Política Nacional de Justiça Restaurativa no âmbito do Poder Judiciário e dá outras providências. Disponível em: https://atos.cnj.jus.br/files/resolucao_225_31052016_02062016161414.pdf. Acesso em: 20 jul. 2021.
[103] *Idem.*

dos projetos restaurativos, de preferência com instituições parceiras e conveniadas.[104]

Por último, o Capítulo VIII elenca as disposições finais da Resolução. O artigo 21 diz sobre o dever dos tribunais em estabelecer parâmetros curriculares para cursos de capacitação, treinamento e aperfeiçoamento de facilitadores, com exercícios simulados, carga horária mínima e estágio supervisionado, com observância das peculiaridades locais.[105] O artigo 22 prevê a possibilidade de os tribunais certificarem a aptidão de espaços de serviço mantidos por organizações governamentais ou não governamentais para atendimento extrajudicial de autocomposição de conflitos, atendidos os qualificativos da Resolução, para cumprimento do artigo 35, II, da Lei nº 12.594/2021.[106] Os artigos 23 e 24 acrescentam, respectivamente, dispositivos à Resolução CNJ/2012 (projetos de prevenção/atendimento a situações de conflitos, crimes e violências, inclusive em fase executiva, baseados em princípios e práticas restaurativas) e à Resolução nº 128/2011 (adoção pela Coordenadoria Estadual da Mulher em Situação de Violência Doméstica e Familiar de processos restaurativos para responsabilização de ofensores, proteção às vítimas, restauração estabilização de relações familiares).[107]

Na sequência, o artigo 25 prevê possibilidade de se instituir, mediante Portaria da Presidência do CNJ, um selo de reconhecimento e respectivo regulamento aos tribunais que implementem os objetivos da Resolução.[108] O artigo 26 declara que a Resolução não prejudica

---

[104] *Idem.*

[105] *Idem.*

[106] *Idem.* O mencionado dispositivo legal trata do princípio de excepcionalidade da intervenção judicial e da imposição de medidas, com favorecimento de meios de autocomposição de conflitos na execução de medidas socioeducativas. BRASIL. *Lei nº 12.594*, de 18 de janeiro de 2012. Institui o Sistema Nacional de Atendimento Socioeducativo (Sinase), regulamenta a execução das medidas socioeducativas destinadas a adolescente que pratique ato infracional; e altera as Leis nºs 8.069, de 13 de julho de 1990 (Estatuto da Criança e do Adolescente); 7.560, de 19 de dezembro de 1986, 7.998, de 11 de janeiro de 1990, 5.537, de 21 de novembro de 1968, 8.315, de 23 de dezembro de 1991, 8.706, de 14 de setembro de 1993, os Decretos-Leis nºs 4.048, de 22 de janeiro de 1942, 8.621, de 10 de janeiro de 1946, e a Consolidação das Leis do Trabalho (CLT), aprovada pelo Decreto-Lei nº 5.452, de 1º de maio de 1943. Texto atualizado disponível em: http://www.planalto.gov.br/ccivil_03/_ato2011-2014/2012/lei/l12594.htm. Acesso em: 21 jul. 2021.

[107] BRASIL. *Resolução CNJ nº 225*, de 31 de maio de 2016. Dispõe sobre a Política Nacional de Justiça Restaurativa no âmbito do Poder Judiciário e dá outras providências. Disponível em: https://atos.cnj.jus.br/files/resolucao_225_31052016_02062016161414.pdf. Acesso em: 20 jul. 2021.

[108] BRASIL. *Resolução CNJ nº 225*, de 31 de maio de 2016. Dispõe sobre a Política Nacional de Justiça Restaurativa no âmbito do Poder Judiciário e dá outras providências. Disponível

a continuidade de programas similares, coordenadorias, núcleos ou setores em funcionamento, contanto que guardada a consonância com os princípios da justiça restaurativa apresentados pela própria Resolução.[109] O artigo 27 prevê competência da Presidência do CNJ, apoiada pela Comissão Permanente de Acesso à Justiça e Cidadania, na coordenação de atividades da Política Nacional no Poder Judiciário, bem como na instituição e regulamentação do Comitê Gestor da Justiça Restaurativa – este responsável por implementar e acompanhar medidas previstas na Resolução.[110] O artigo 28 diz ser possível a suplementação da Resolução pelos tribunais, no que não lhe contrarie, em consideração às peculiaridades locais e autonomia; enquanto isso, o artigo 29 fala sobre a aplicabilidade da Resolução à Justiça Federal no que for cabível e o artigo 30 estabelece prazo de sessenta dias para entrada em vigor, contados da publicação da Resolução.[111]

A análise crítica da Resolução nº 225 proposta neste tópico tem por premissa a intersecção entre os campos do direito e das políticas públicas, a fim de se evitar, tanto quanto possível, o caminho da simplificação e do insulamento em categorias jurídicas estanques e pretensamente neutras. A propósito, a interdisciplinaridade é intrínseca à área temática das políticas públicas, a conferir-lhe, simultaneamente, vigor e potencial fragmentação, pela dificuldade nada trivial de construir caminhos teóricos comuns de discussão.[112]

A política pública pode ser definida segundo sua orientação: se pensada e desenvolvida desde o topo da estrutura institucional e burocrática (de cima para baixo), é classificada como *top-down*; se, em contrapartida, a política pública é cogitada e implementada desde as estruturas organizacionais basilares da sociedade (de baixo para cima), é chamada de *bottom-up*.[113] A verticalidade descendente da primeira denota imposição estatal, enquanto o caráter ascendente da segunda

---

em: https://atos.cnj.jus.br/files/resolucao_225_31052016_02062016161414.pdf. Acesso em: 20 jul. 2021.
[109] Idem.
[110] Idem.
[111] Idem.
[112] MARQUES, Eduardo; FARIA, Carlos Aurélio Pimenta de. *A política pública como campo multidisciplinar*. São Paulo: Ed. Unesp; Rio de Janeiro: Ed. Fiocruz, 2013. p. 7.
[113] MARQUES, Eduardo. As políticas públicas na ciência política. In: MARQUES, Eduardo; FARIA, Carlos Aurélio Pimenta de. *A política pública como campo multidisciplinar*. São Paulo: Ed. Unesp; Rio de Janeiro: Ed. Fiocruz, 2013. p. 33.

orientação diz com o incremento no nível de democratização referente à tomada de decisões.

O caráter *top-down* da política judiciária nacional de justiça restaurativa estatuída pela Resolução nº 225 do CNJ se faz sentir na própria leitura e análise realizada linhas atrás. Trata-se de ato normativo editado sob a lógica jurídica da imposição de uniformização e limites (inclusive conceituais e principiológicos), de fixação de competências dos diversos atores e órgãos oficiais envolvidos no modelo restaurativo de justiça ora institucionalizado. Em que pese ser possível a realização do procedimento restaurativo de forma alternativa ao processo convencional (artigo 1º, §2º), a Resolução incorreu em um silêncio eloquente a respeito das alternativas penais. Ainda que se possa invocar a questão da legalidade estrita que rege o direito penal, a exigir lei em sentido estrito e formal para prever tais alternativas, a Resolução poderia, talvez, ter se ocupado ao menos de induzir o trabalho do legislador nesse sentido.

Não se pretende, de forma alguma, desqualificar o teor da Resolução nº 225/CNJ, que certamente representa um marco jurídico central para a expansão da justiça restaurativa no país. Porém, tampouco se poderia acolher sem críticas ou reservas essa norma que declara a implementação do modelo restaurativo como mais uma meta judiciária a cumprir na solução dos processos, inclusive com premiação dos tribunais locais que simplesmente implementem os objetivos elencados pela Resolução. Inclusive, a moldura principiológica estabelecida pelo CNJ surge como condição para continuidade dos programas similares, coordenadorias, núcleos ou setores em funcionamento.

Parece em parte inadequado o enquadramento normativo da justiça restaurativa, que, em essência, carrega abertura semântica, informalidade, fluidez, heterogeneidade e busca pacificação social não pela imposição de consenso e homogeneidade, mas sim a partir da construção coletiva de soluções e respostas a situações conflitivas e de violência; não pela docilização dos corpos dos envolvidos e pelo puro exercício de poder estatal sobre eles, em uma lógica ainda estigmatizante e vitimizadora, mas sim pela possibilidade de realmente se ouvir a voz das pessoas envolvidas direta ou indiretamente em conflitos e democratizar a tomada de decisões nesse âmbito, para além do processo formal.

3.2 Dimensão do direito como objetivo e o risco (ou não) de desnaturação dos ideais restaurativos

A compreensão das múltiplas funções do direito perante o campo de políticas públicas reclama abordagem multidisciplinar e abertura cognitiva e semântica, para além de categorias jurídicas estanques e simplificadoras. Considerando as nada triviais dificuldades na análise interseccional entre os campos do direito e das políticas públicas, Diogo Coutinho[114] propõe quatro dimensões do direito, não com pretensão de totalidade e definitividade, mas como ponto de partida para possibilitar a visibilidade do direito quando em relação com as políticas públicas. Por sua clareza e importância, neste tópico as quatro dimensões serão pontuadas uma a uma, com ênfase na dimensão do direito como objetivo e o risco (ou não) de desnaturação dos ideais restaurativos a partir dessa perspectiva.

Como primeira categoria, surge justamente a dimensão do direito como objetivo. Coutinho discerne dois ângulos de visão para as finalidades das políticas públicas, quais sejam, produtos de escolhas políticas (caráter extrajurídico) e produtos definidos pelo próprio direito, que atua como meio dos objetivos definidos para as políticas públicas (caráter jurídico). A premissa é a seguinte: ver o direito como objetivo de políticas públicas sugere reconhecer o arcabouço jurídico como formalizador de metas e, metaforicamente, como "bússola cujo norte são os objetivos dados politicamente, de acordo com os limites de uma ordem jurídica".[115]

Em outras palavras, o direito como objetivo confere característica de oficialidade à política pública, que passa a ser revestida de formalidade e com objetivos cristalizados a denotar embates de interesses mediante uma solenidade muito própria; sob tal modelagem jurídica, a política pública passa por crivos (anterior e posterior) de constitucionalidade e de legalidade, os quais declaram sua validade ou invalidade em face do ordenamento jurídico.[116] Entre exemplos constitucionais fornecidos pelo autor sobre direito como objetivo, como "bússola", constam: erradicação de pobreza e marginalização e redução

---

[114] COUTINHO, Diogo Rosenthal. O direito nas políticas públicas. *In*: MARQUES, Eduardo; FARIA, Carlos Aurélio Pimenta de. *A política pública como campo multidisciplinar*. São Paulo: Ed. Unesp; Rio de Janeiro: Ed. Fiocruz, 2013. p. 181-200.
[115] *Ibidem*, p. 194.
[116] *Ibidem*, p. 195.

de desigualdades sociais e regionais, nos termos do artigo 3º, inciso III; incentivo à autonomia tecnológica, conforme artigo 219; e preservação do meio ambiente, pelo artigo 225.

Na linha dos exemplos propostos pelo autor acerca do direito como objetivo, seria possível cogitar ainda a garantia fundamental de acesso à justiça prevista no artigo 5º, inciso XXXV, da Constituição,[117] inserida no rol de considerandos da Resolução nº 225/CNJ (abordada no início do tópico anterior), desde sua dimensão formal perante órgãos judiciários como diante da condução a soluções efetivas de conflitos por meio de ordem jurídica justa, inclusive com uso de meios consensuais, voluntários e mais adequados para alcançar a pacificação de disputas.

A segunda categoria consiste no direito como arranjo institucional. Coutinho[118] parte do consenso entre estudiosos dedicados ao tema do desenvolvimento sobre a importância definitiva das instituições para constatar que ainda são raros, ao menos no Brasil, aqueles "estudos de caso voltados à compreensão dos meios pelos quais o direito pode (direta e indiretamente) tanto fortalecer e catalisar, quanto debilitar e paralisar instituições e, por consequência, políticas públicas a elas associadas ou por elas implementadas".

Vale dizer, a compreensão do direito enquanto integrante da dimensão institucional das políticas públicas supõe que as normas jurídicas são metaforicamente sua coluna vertebral, na medida da estruturação do funcionamento, da regulação dos procedimentos e da viabilização de uma articulação entre atores ligados a tais políticas públicas de modo direto ou indireto; na sempre elucidativa linguagem metafórica usada pelo autor, "o direito pode ser visto como uma espécie de 'mapa' de responsabilidades e tarefas nas políticas públicas".[119]

Em terceiro lugar, vem direito como caixa de ferramentas. Aqui, a ênfase é que a seleção e a formatação de meios para buscar objetivos predefinidos figuram como trabalho jurídico. O autor complementa com dois destaques: "o direito poderia ser metaforicamente descrito como uma caixa de ferramentas, que executa tarefas-meio conectadas

---

[117] O direito fundamental de acesso à justiça é estabelecido no texto constitucional: "a lei não excluirá da apreciação do Poder Judiciário lesão ou ameaça a direito". BRASIL. *Constituição da República Federativa do Brasil de 1988*. Disponível em: http://www.planalto.gov.br/ccivil_03/constituicao/constituicao.htm Acesso em: 23 jul. 2021.

[118] COUTINHO, Diogo Rosenthal. O direito nas políticas públicas. *In*: MARQUES, Eduardo; FARIA, Carlos Aurélio Pimenta de. *A política pública como campo multidisciplinar*. São Paulo: Ed. Unesp; Rio de Janeiro: Ed. Fiocruz, 2013. p. 195.

[119] *Ibidem*, p. 196.

a certos fins de forma mais ou menos eficaz, sendo o grau de eficácia, em parte, dependente do meio escolhido" e "o direito não apenas pode ser entendido como conjunto de meios pelos quais os objetivos últimos das políticas públicas são alcançados, mas também como regras internas que permitem a calibragem e a autocorreção operacional dessas mesmas políticas".[120]

A quarta e última categoria traz o direito como vocalizador de demandas. O autor supõe que "decisões em políticas públicas devem ser tomadas não apenas do modo mais bem fundamentado possível, [...], mas também de modo a assegurar a participação de todos os interessados na conformação, implementação ou avaliação da política".[121] É essencial a função do direito nas políticas públicas na garantia de inescapáveis mecanismos de participação e *accountability*, na medida em que as normas jurídicas podem incrementar o caráter democrático das políticas públicas, bem como engajar (em maior ou menor nível) diversos atores que, de outra maneira, não seriam estimulados a acompanhar e avaliar programas de ação públicos. Metaforicamente, o direito como vocalizador de demandas seria "uma espécie de correia de transmissão pela qual agendas, ideias e propostas gestadas na esfera pública circulam e disputam espaço nos círculos tecnocráticos".[122]

As dimensões do direito em políticas públicas foram ilustradas no quadro:[123]

---

[120] COUTINHO, Diogo Rosenthal. O direito nas políticas públicas. *In*: MARQUES, Eduardo; FARIA, Carlos Aurélio Pimenta de. *A política pública como campo multidisciplinar*. São Paulo: Ed. Unesp; Rio de Janeiro: Ed. Fiocruz, 2013. p. 196-197.
[121] *Ibidem*, p. 197.
[122] *Ibidem*, p. 198.
[123] *Ibidem*, p. 198.

	Direito como objetivo	Direito como arranjo institucional	Direito como caixa de ferramentas	Direito como vocalizador de demandas
Ideia-chave	Direito positivo, cristaliza opções políticas e as formaliza como normas cogentes, determinando o que *deve ser*.	Direito define tarefas, divide competências, articula, orquestra e coordena relações intersetoriais no setor público e entre este e o setor privado.	Como "caixa de ferramentas", direito oferece distintos instrumentos e veículos para implementação dos fins da política.	Direito assegura participação. *accountability* e mobilização.
Perguntas-chave	Quais os objetivos a serem perseguidos por políticas públicas? Que ordem de prioridades há entre eles?	Quem faz o quê? Com que competências? Como articular a política pública em questão com outras em curso?	Quais são os meios jurídicos adequados, considerando os objetivos?	Quem são os atores potencialmente interessados? Como assegurar-lhes voz e garantir o controle social da política pública?
Dimensão	Substantiva	Estruturante	Instrumental	Legitimadora

Coutinho ressalta ainda a importância das dimensões aplicadas, não enquanto método encerrado de análise, nem mesmo como uma teoria propriamente dita sobre as relações do direito e das políticas públicas, diante da autoclassificação como embrionária das ideias lançadas pelo autor e dada a inevitável dimensão empírica das políticas públicas. A discussão sobre o direito nas políticas públicas deve dialogar intimamente com as peculiaridades de cada política pública, não ensejar mais um distanciamento da realidade por aplicação apriorística de modelos com pretensão de universalidade, nem mais uma teoria jurídica autocentrada e, assim, desconectada de seu entorno, pautada apenas por autorreferência (em termos luhmannianos).[124]

Diante de tudo isso, como é possível o estudo e o aperfeiçoamento das políticas públicas? O autor sugere, de maneira direta e simples: "será preciso que o jurista 'suje as mãos', isto é, debruce-se sobre elas [políticas

---

[124] COUTINHO, Diogo Rosenthal. O direito nas políticas públicas. *In*: MARQUES, Eduardo; FARIA, Carlos Aurélio Pimenta de. *A política pública como campo multidisciplinar*. São Paulo: Ed. Unesp; Rio de Janeiro: Ed. Fiocruz, 2013. p. 199.

públicas] e enfronhe-se em seus meandros e minúcias, observando-as, descrevendo-as e compreendendo-as", em um esforço que exigirá "construção de abordagens e ferramentas de pesquisa empíricas mais robustas"; essa tarefa requer o desenvolvimento de certas habilidades, como "lidar com argumentos envolvendo causalidades, lastrear inferências, bem como distinguir argumentos normativos (prescritivos) de análises descritivas", não para interpretar a validade das normas, mas para observar detidamente as políticas públicas e apontar eventuais gargalos e soluções.[125]

A inescapável conclusão do autor é que as políticas públicas configuram um campo aberto para os juristas brasileiros, os quais, para desbravamento desse campo, devem usar novos referenciais de análise e dar seguimento ao desafio da construção do referencial metodológico cuja ausência é sensível, a fim de possibilitar que as políticas públicas sejam juridicamente compreendidas, aprimoradas e eventualmente replicadas em outros contextos, se for o caso. Ao final, Coutinho propõe o convite desafiador de "semear e colher nesse campo fértil: que venham as pesquisas, suas lições e aplicações. Com elas, as políticas públicas só têm a ganhar, assim como os juristas".[126]

Esta pesquisa ouve o convite de semeadura e colheita lançado pelo autor e pretende acolhê-lo, ainda que seja um breve mergulho no extenso mar da intersecção entre direito e políticas públicas, especificamente para observar o feixe da política pública judiciária de justiça restaurativa inaugurada pelo Conselho Nacional de Justiça desde a Resolução nº 225. Acolher esse convite sem qualquer pretensão de definitividade ou de análise autocentrada, mas, pelo contrário, aberta ao diálogo e às críticas, é o que aqui se pretende e, não por acaso, é o que integra a essência do modelo restaurativo de justiça.

O direito como objetivo, reforce-se, conduz a política pública à dimensão do dever ser e estabelece suas finalidades e respectivas prioridades. Nesse sentido, a Resolução nº 225 do CNJ figura nessa dimensão deontológica, uma moldura mínima para o modelo restaurativista no país. Com efeito, o ato normativo em questão, de forma primordialmente verticalizada, abre caminho para a justiça restaurativa na forma de política pública judiciária, estabelecendo conceitos e

---
[125] Ibidem, p. 199.
[126] Ibidem, p. 200.

princípios basilares e definindo competências dos diversos envolvidos (inclusive e especialmente dos órgãos e agentes públicos).

Ao abrir esse caminho importante, pensa-se que o ato normativo (seja a Resolução, seja qualquer outra norma) não pode fechar portas e estancar, em cômodos apertados e sem oxigenação, a liberdade, o dinamismo e a diversidade que são próprios da justiça restaurativa. A dimensão do direito como objetivo deve ser ponto de partida, mas não ponto final, não um fim em si mesmo, meramente circular e hermético, desvencilhado do compromisso com o franco desenvolvimento da política pública. Para a justiça restaurativa, isso seria o fim: o risco latente de desnaturação de seus ideais os fulminaria se o restaurativismo fosse limitado e guiado, apenas, conforme atos normativos cogentes interpretados à guisa de clausura e desvinculado das demais dimensões do direito, em especial como vocalizador de demandas, conforme será discutido em linhas seguintes.

O risco de desnaturação dos ideais restaurativos seria, então, contornável? Sugere-se que sim, não apenas pela abertura semântica e pelo caráter dinâmico, fluido do modelo restaurativo de justiça, baseado em fortes e claros princípios (como voluntariedade, alteridade, responsabilização, diálogo, horizontalidade, apenas para enunciar alguns). Também se pode sugerir contornar o risco de desnaturação dos ideais restaurativos com a devida atenção aos pontos adiante explicitados: cuidar da expansão da rede de controle formal (efeito perverso da verticalização), ouvir a dimensão do direito como vocalizador de demandas e abrir (e não limitar) o lócus da justiça restaurativa em relação ao sistema judiciário.

3.3 *Netwidening*: expansão da rede de controle formal como efeito perverso da verticalização

No primeiro capítulo desta obra, especificamente no último tópico que abordou as críticas sob a lente agnóstica ao expansionismo do modelo restaurativo, mencionou-se o fenômeno de *netwidening* como extensão da rede formal de controle, em efeito contraditório e perverso da utilização da justiça restaurativa com a pretensão de reduzir o uso do sistema penal, o que ocorreria em duas situações exemplificativas: i. ausência de regras específicas que determinem a consideração dos acordos restaurativos no momento da sentença, a fim de evitar a simples soma das respostas ao delito e a consequente violação ao princípio *no bis in idem*; e ii. aplicação da solução restaurativa apenas depois da condenação e durante a execução da pena, sem reduzir a utilização da pena de prisão.[127]

Este tópico analisa o *netwidening* sob a vertente de expansão da rede de controle formal como efeito perverso da verticalização imposta desde a Resolução nº 225/CNJ e como algo a ser identificado e monitorado, com a finalidade já enunciada de buscar contornar o risco de desnaturação dos ideais restaurativos pela política judiciária consubstanciada no modelo de justiça restaurativa em âmbito nacional. Vale mencionar que tal monitoramento não é tarefa trivial nem fácil, portanto, esta pesquisa não pretende (nem poderia) esgotar tal finalidade; o que se busca aqui é apenas apontar esse sentido possível de interpretação que reclama, como mencionado no tópico anterior, imergir na dimensão empírica da política pública (algo que será realizado mais detidamente no último capítulo do trabalho).

Conforme brevemente pontuado no primeiro capítulo desta obra (tópico 1.4), há pouco mais de dois anos (junho de 2019), em cumprimento ao determinado pelo artigo 27 da Resolução nº 225, o Comitê Gestor da Justiça Restaurativa junto ao CNJ, em parceria com o Departamento de Pesquisas Judiciárias, consolidou o Mapeamento dos Programas de Justiça Restaurativa.[128] O relatório reúne dados acerca da difusão de programas, projetos e ações desenvolvidos no âmbito da Justiça Comum Estadual e Federal, com a ressalva de que, dos 32 tribunais questionados, apenas o Tribunal de Justiça do Acre não encaminhou resposta.

Dentre os sete critérios que nortearam o mapeamento, serão destacados dados de apenas dois, por sua relação direta com este trabalho: os programas e as práticas de justiça restaurativa (área e metodologia). Os dados obtidos pela pesquisa serão reproduzidos a seguir em tabelas próprias com informações quantitativas e, após, serão expostas as conclusões.

---

[127] PALLAMOLLA, Raffaella da Porciuncula. *Justiça restaurativa*: da teoria à prática. São Paulo: IBCCRIM, 2009. p. 139 e 145.
[128] BRASIL. Conselho Nacional de Justiça. *Mapeamento dos Programas de Justiça Restaurativa*. Disponível em: https://www.cnj.jus.br/wp-content/uploads/conteudo/arquivo/2019/06/8e6cf55c06c5593974bfb8803a8697f3.pdf. Acesso em: 16 ago. 2020.

Tabela 1 – Tribunais sem ou com programa/ projeto/ação de Justiça Restaurativa

Tribunais	Quantidade de respondentes
Não possuem programa/projeto/ação	
TJRR	1
TRF-2	1
TRF-5	1
Total	**3**
Possuem programa/projeto/ação	
TJAL	1
TJAM	1
TJAP	1
TJBA	1
TJCE	1
TJDFT	1
TJES	1
TJGO	6
TJMA	1
TJMG	1
TJMS	1
TJMT	1
TJPA	1
TJPB	1
TJPE	1
TJPI	2
TJPR	1
TJRJ	1
TJRN	1
TJRO	1
TJRS	1
TJSC	4
TJSE	5
TJSP	1
TJTO	2
TRF-1	1
TRF-3	1
TRF-4	3
Total	**44**
Total de respondentes	**47**

Fonte: Mapeamento dos programas de justiça restaurativa/CNJ.

Tabela 2 – Programas, projetos e ações de
Justiça Restaurativa nos tribunais

Tribunais	Programa	Projeto	Ação	Total
TJAL	0	1	0	1
TJAM	0	1	0	1
TJAP	1	0	0	1
TJBA	1	0	0	1
TJCE	0	1	0	1
TJDFT	1	0	0	1
TJES	1	0	0	1
TJGO	0	5	1	6
TJMA	0	0	1	1
TJMG	0	1	0	1
TJMS	1	0	0	1
TJMT	1	0	0	1
TJPA	1	0	0	1
TJPB	0	0	1	1
TJPE	1	0	0	1
TJPI	1	1	0	2
TJPR	1	0	0	1
TJRJ	0	1	0	1
TJRN	1	0	0	1
TJRO	0	0	1	1
TJSC	4	0	0	4
TJSE	0	5	0	5
TJSP	1	0	0	1
TJTO	1	1	0	2
TJRS	1	0	0	1
TRF-1	1	0	0	1
TRF-3	0	0	1	1
TRF-4	1	1	1	3
Total	**20**	**18**	**6**	**44**

Fonte: Mapeamento dos programas de justiça restaurativa/CNJ.

Inicialmente, o Conselho Nacional de Justiça constatou que, entre 31 tribunais que responderam aos questionários, apenas três não possuem nenhuma iniciativa em Justiça Restaurativa; por sua vez, 28 tribunais possuem alguma iniciativa (96% dos respondentes), seja em início de implantação (ações e/ou projetos) ou em desenvolvimento mais avançado (programas). Cumpre, agora, avaliar em que campos se aplicam as práticas restaurativas no âmbito dos tribunais.

Quadro 1 – Áreas de aplicação das práticas restaurativas nos Tribunais

(continua)

Áreas	Tribunais
Infância e Juventude – atos infracionais	TJAM, TJAP, TJBA, TJCE, TJES, TJGO, TJMG, TJMS, TJMT, TJPA, TJPE, TJPI, TJPR, TJRJ, TJRN, TJRO, TJRS, TJSC, TJSE, TJSP, TJTO
Infância e Juventude – conflitos escolares	TJAP, TJBA, TJES, TJGO, TJMG, TJMS, TJMT, TJPA, TJPE, TJPI, TJPR, TJRJ, TJRS, TJSC, TJSE, TJSP, TJTO, TRF-4
Infrações criminais leves e médias	TJAL, TJAM, TJBA, TJDFT, TJGO, TJMA, TJMG, TJPB, TJPI, TJPR, TJRN, TJRS, TJSE, TJSP, TRF-4
Violência doméstica	TJAL, TJAM, TJAP, TJBA, TJES, TJGO, TJMG, TJMS, TJMT, TJPA, TJPI, TJPR, TJRS, TJSC, TJSE, TJSP, TJTO
Fortalecimento de vínculos/prevenção	TJAP, TJBA, TJES, TJGO, TJMS, TJMT, TJPE, TJPI, TJPR, TJRJ, TJRS, TJSC, TJSE, TJSP, TJTO, TRF-4
Infância e Juventude – medidas protetivas	TJAP, TJBA, TJES, TJGO, TJMS, TJMT, TJPA, TJPE, TJPI, TJPR, TJRS, TJSE, TJSP, TJTO
Conflitos de família	TJAP, TJBA, TJES, TJGO, TJMA, TJMG, TJMS, TJMT, TJPI, TJPR, TJRJ, TJRS, TJSE, TJSP, TJTO, TRF-4
Área administrativa – gestão de pessoas	TJAP, TJBA, TJES, TJGO, TJMS, TJMT, TJPA, TJPI, TJPR, TJRS, TJSP, TJTO, TRF-4
Outros conflitos cíveis	TJAP, TJBA, TJES, TJMG, TJMT, TJPI, TJPR, TJRS, TJSP, TJTO, TRF-4
Criminal – Tóxicos (tráfico e porte de droga)	TJBA, TJDFT, TJGO, TJMA, TJPR, TJRS, TJSP, TJTO, TRF-4
Crimes de Trânsito	TJBA, TJDFT, TJGO, TJMG, TJPR, TJRS, TJSP, TJTO
Crimes graves e gravíssimos	TJBA, TJDFT, TJGO, TJPR, TJRS, TJTO
Crimes sexuais	TJBA, TJDFT, TJSP, TJTO, TRF-4
Capacitação de juízes e servidores	TRF-3
Conflitos de vizinhança	TJMG
Ação penal privada e pública condicionada	TJPB
Crimes ambientais	TRF-1

(conclusão)

Áreas	Tribunais
Crimes contra a fé pública	TRF-1
Crimes contra o patrimônio público	TRF-1
Crimes de competência da justiça federal	TRF-4
Arts. 240 e 241, ECA (pornografia infantil)	TRF-4
Execução penal	TJPI

Fonte: Mapeamento dos programas de justiça restaurativa/CNJ.

No que concerne aos campos de aplicação das práticas restaurativas, destaca-se tanto a grande diversidade de áreas de incidência quanto sua menor frequência de aplicação, no âmbito criminal, em relação aos delitos graves/gravíssimos e aos delitos sexuais, quando comparados aos demais delitos (inclusive atos infracionais). Passa-se então às metodologias.

Quadro 2 – Metodologias de procedimentos em Justiça Restaurativa mais utilizadas nas iniciativas dos Tribunais

Metodologias	Tribunais
Círculo de Construção de Paz (processos circulares baseados em Kay Pranis)	TJAL, TJAM, TJAP, TJBA, TJCE, TJES, TJGO, TJMA, TJMG, TJMS, TJMT, TJPA, TJPE, TJPI, TJPR, TJRJ, TJRN, TJRO, TJRS, TJSC, TJSE, TJSP, TJTO, TRF-1, TRF-4
Processo Circular	TJAP, TJBA, TJCE, TJES, TJMG, TJMS, TJMT, TJPA, TJPI, TJRJ, TJRS, TJSP, TJTO, TRF-1, TRF-4
Círculo Restaurativo (processos circulares baseados na comunicação não violenta)	TJAL, TJAP, TJBA, TJCE, TJES, TJGO, TJMA, TJMG, TJMS, TJPA, TJPI, TJRJ, TJRN, TJRO, TJRS, TJSC, TJSP, TJTO, TRF-1, TRF-4
Círculos sem participação de vítimas	TJAL, TJAP, TJBA, TJCE, TJES, TJMG, TJMS, TJMT, TJSP, TJPA, TJPI, TJPR, TJRJ, TJRS, TJTO, TRF-4
Mediação ou conferência vítima-ofensor com envolvimento da comunidade	TJBA, TJDFT, TJGO, TJMG, TJPB, TJPI, TJPR, TJRN
Conferências de grupos familiares	TJBA, TJCE, TJMT, TJPI, TJTO, TRF-4
Outras	TJAP, TJBA, TJMG, TJPI, TJTO, TRF-3, TRF-4

Fonte: Mapeamento dos programas de justiça restaurativa/CNJ.

Quadro 3 – Formas de encontros promovidos pela Justiça Restaurativa

Formas de encontros	Tribunais
Vítima, ofensor e comunidade/família/ apoiadores	TJAL, TJBA, TJCE, TJDFT, TJES, TJGO, TJMA, TJMG, TJMS, TJPA, TJPE, TJPI, TJPR, TJRJ, TJRN, TJRO, TJRS, TJSC, TJSE, TJSP, TJTO, TRF-4
Ofensor e comunidade/família/ apoiadores	TJBA, TJCE, TJES, TJGO, TJMA, TJMG, TJMS, TJPA, TJRJ, TJRN, TJRS, TJSC, TJSE, TJSP, TJTO
Ofensores (grupos de ofensores)	TJAM, TJBA, TJES, TJGO, TJMG, TJPA, TJPI, TJPR, TJRJ, TJRS, TJSC, TJSP, TJTO, TRF-4
Vítima e comunidade/família/ apoiadores	TJAP, TJBA, TJES, TJGO, TJMG, TJPA, TJPI, TJRJ, TJRS, TJSC, TJSP, TJTO
Vítimas (grupo de vítimas)	TJAM, TJAP, TJBA, TJES, TJGO, TJMG, TJMT, TJPA, TJPR, TJRS, TJSC, TJSP, TJTO
Vítima e ofensor	TJBA, TJDFT, TJES, TJGO, TJMA, TJMG, TJPA, TJPB, TJPI, TJPR, TJRJ, TJRS, TJSC, TJSP, TJTO
Círculo de paz entre os servidores	TJTO
Círculo ou Roda de Diálogo	TJAP
Círculos preventivos nas escolas	TJMS, TJMT
Estudantes das escolas no Projeto PROJURJ	TJBA
Juízes, servidores e conciliadores	TRF-3
Pré-círculo para manter contato com os envolvidos de forma individual	TJPI
Professores e alunos da rede pública de ensino	TRF-4
Reunião de redes profissionais	TJRS
Vítima e Pró-Vítima	TJDFT

Fonte: Mapeamento dos programas de justiça restaurativa/CNJ.

As metodologias e formas de encontros promovidos pela justiça restaurativa dão conta da ampla gama de práticas existentes e viáveis, em uma pluralidade que condiz com a horizontalidade, a polissemia e o caráter sistêmico e aberto do modelo restaurativo. Porém, diante deste cenário aparentemente promissor, quais as críticas possíveis a essa tendência expansionista? O primeiro capítulo da pesquisa, em seu último tópico (1.5), cuidou de expor três críticas ao expansionismo da justiça restaurativa, sob a perspectiva agnóstica, dentre as quais se destaca justamente aquela referente ao *netwidening*, exposta no início deste tópico.

O desafio de fazer frente ao latente risco de expansão da rede de controle formal oriundo da verticalização e da suposta diminuição do uso do sistema penal pela aplicação do restaurativismo deve, em tese, atentar aos dois aspectos já ressaltados segundo Raffaella Pallamolla[129] no início deste tópico: i. ausência de regras específicas a determinar consideração de acordos restaurativos no momento da sentença, para evitar simples soma das respostas ao delito e consequente violação ao princípio *no bis in idem*; e ii. aplicação da solução restaurativa somente após condenação e durante execução de pena, sem reduzir o uso da pena de prisão. A resposta possível residiria, então, na positivação da justiça restaurativa via Poder Legislativo? Se sim, como?

A instituição legal da justiça restaurativa no Brasil foi planejada em conformidade com o Projeto de Lei nº 7.006/2006,[130] de autoria da Comissão de Legislação Participativa e apresentado perante a Câmara dos Deputados em 10 de maio de 2006, com propostas de alteração ao Código Penal e Código de Processo Penal, bem como para possibilitar o uso de procedimentos restaurativos no sistema de justiça criminal, para crimes e contravenções penais.

Após mais de quinze anos em tramitação, com sucessivos arquivamentos e pedidos de desarquivamento, houve decisão da Mesa Diretora da Câmara em 09 de março de 2016, no sentido de determinar o apensamento do mencionado Projeto de Lei ao PL nº 8.045/2010 (Código de Processo Penal), motivado por correlação de matérias, o que efetivamente ocorreu em 28 de março de 2016.[131]

A análise do conteúdo do PL nº 7.006/2006, em busca de regras específicas sobre a compensação obrigatória de acordo restaurativo no momento da sentença ou de redução do uso da prisão mediante práticas restaurativas, observa-se que referido Projeto limita-se a propor, genericamente, via alteração do Código de Processo Penal (artigo 562), que "O acordo restaurativo deverá necessariamente servir de base

---

[129] PALLAMOLLA, Raffaella da Porciuncula. *Justiça restaurativa*: da teoria à prática. São Paulo: IBCCRIM, 2009. p. 139 e 145.

[130] BRASIL.. Câmara dos Deputados. *Projeto de Lei nº 7.006*, de 10 de maio de 2006. Propõe alterações no Decreto-Lei nº 2.848, de 7 de dezembro de 1940, do Decreto-Lei nº 3.689, de 3 de outubro de 1941, e da Lei nº 9.099, de 26 de setembro de 1995, para facultar o uso de procedimentos de Justiça Restaurativa no sistema de justiça criminal, em casos de crimes e contravenções penais. Disponível em: https://www.camara.leg.br/proposicoesWeb/prop_mo strarintegra;jsessionid=node0bloic8sxlhkc1ovyayri4wsyc6698664.node0?codteor=393836& filename=PL+7006/2006. Acesso em: 26 jul. 2021.

[131] Tramitação disponível em: https://www.camara.leg.br/proposicoesWeb/fichadetramitaca o?idProposicao=323785. Acesso em: 26 jul. 2021.

para a decisão judicial final".¹³² Como isso deveria ser feito? À maneira de circunstância atenuante ou como causa de isenção de pena? E, na fase de execução, nada é dito a respeito de redução do uso da prisão, o que em nada contribuiria para atenuar o superencarceramento em curso no país.

Ainda, a análise superficial do inteiro teor do PL nº 8.045/2010 (Código de Processo Penal) permite observar o silêncio acerca da mesma matéria pontuada no parágrafo anterior. Isso permite concluir, ao menos parcial e provisoriamente, que o risco de expansão da rede de controle formal é real e poderia ser enfrentado, conforme já sinalizado no primeiro capítulo, mediante o exercício da ação penal segundo a lógica da *ultima ratio*, não da *prima ratio*.

3.4 Dimensão do direito como vocalizador de demandas e possível resposta pela lógica *bottom-up*

Conforme salientado linhas atrás, uma das quatro dimensões do direito perante as políticas públicas é como vocalizador de demandas. Trata-se do nível legitimador no qual o direito garante participação, *accountability* e mobilização, sempre em atenção a quem sejam os atores potencialmente interessados e como assegurar-lhes voz e garantir o controle social da política pública.¹³³ Ainda, já foi ressaltado que a lógica *bottom-up* da política pública, verticalizada de baixo para cima, desde as estruturas organizacionais basilares da sociedade que cogitam e eventualmente implementam políticas públicas, realizam esse movimento propício ao incremento do nível de democratização na tomada de decisões.¹³⁴

---

[132] BRASIL. Câmara dos Deputados. *Projeto de Lei nº 7.006*, de 10 de maio de 2006. Propõe alterações no Decreto-Lei nº 2.848, de 7 de dezembro de 1940, do Decreto-Lei nº 3.689, de 3 de outubro de 1941, e da Lei nº 9.099, de 26 de setembro de 1995, para facultar o uso de procedimentos de Justiça Restaurativa no sistema de justiça criminal, em casos de crimes e contravenções penais. Disponível em: https://www.camara.leg.br/proposicoesWeb/prop_mostrarintegra;jsessionid=node0bloic8sxlhkc1ovyayri4wsyc6698664.node0?codteor=393836&filename=PL+7006/2006. Acesso em: 26 jul. 2021.
[133] COUTINHO, Diogo Rosenthal. O direito nas políticas públicas. *In*: MARQUES, Eduardo; FARIA, Carlos Aurélio Pimenta de. *A política pública como campo multidisciplinar*. São Paulo: Ed. Unesp; Rio de Janeiro: Ed. Fiocruz, 2013. p. 198.
[134] MARQUES, Eduardo. As políticas públicas na ciência política. *In*: MARQUES, Eduardo; FARIA, Carlos Aurélio Pimenta de. *A política pública como campo multidisciplinar*. São Paulo: Ed. Unesp; Rio de Janeiro: Ed. Fiocruz, 2013. p. 33.

Diante do quadro, pode-se observar, sem dificuldade, uma estreita relação entre o direito como vocalizador de demandas e a lógica *bottom-up* das políticas públicas. No âmbito da justiça restaurativa institucionalizada pela Resolução nº 225/CNJ, é realmente possível observar essa democratização presente nas tomadas de decisões? Ao menos em parte, pensa-se que sim, conforme se há de expor.

De um lado, os envolvidos diretos e indiretos (vítima, ofensor, familiares, comunidade) são chamados a participarem dos procedimentos restaurativos, que buscam conferir a máxima participação de todas as pessoas relacionadas ao contexto do fato danoso (artigo 8º). Ademais, a norma admite a formação e capacitação de facilitadores restaurativos leigos, oriundos das comunidades, com o objetivo declarado de ampliar a participação social e o próprio acesso à justiça (artigo 17). Por fim, observa-se a realização de encaminhamentos pelo facilitador (artigo 14) e o dever dos tribunais em manter formulários próprios para avaliação das práticas e procedimentos restaurativos pelos participantes (artigo 18).

Os dispositivos mencionados exemplificativamente demonstram a preocupação externada pela Resolução nº 225/CNJ em garantir certo nível de democratização nas diversas formas de participação e vocalização de demandas por via de procedimentos restaurativos. Isso reforça a ideia de que se busca, pelo menos no nível do dever ser, o acesso qualificado à justiça.

Todavia, percebe-se que a participação comunitária é permitida a partir dos termos da própria Resolução nº 225 e desde que não conflite com seus termos, em especial no que concerne aos princípios da justiça restaurativa estabelecidos normativamente, conforme se observa do artigo 26 da Resolução. Ora, se considerada em sua fluidez, em seu dinamismo, a justiça restaurativa não poder ser enquadrada e cooptada pelo sistema formal, como poderia a norma em análise obstar de modo tão veemente as iniciativas em curso fora do sistema? Não é por ausência de previsão expressa que determinado princípio ou diretriz seria impedido de orientar a prática restaurativa no âmbito das comunidades, considerada a localidade das lutas.

Nesse sentido, para além da relativa timidez em encorajar efetivamente a participação de indivíduos e grupos locais de forma mais direta (e não apenas quando chamados para tanto), a Resolução ainda obsta, com ampla margem de discricionariedade, as iniciativas em curso supostamente contrárias aos princípios enumerados exemplificativamente pela norma. Nesse sentido, ao menos no espectro normativo em questão, carece de espaço a lógica *bottom-up* na construção de tão importante política pública, qual seja, a justiça restaurativa no âmbito do sistema formal.

Ana Paula Pereira Flores e Leoberto Brancher,[135] ao tratarem dos pressupostos para a modelagem da justiça restaurativa pensada para o presente século, quanto ao contexto em que as situações conflitivas se inserem, pontuam sobre a dimensão *bottom-up*, nos seguintes termos: "a sociedade civil, por meio do segmento empresarial, da comunidade acadêmica, das organizações não governamentais e da atuação voluntária dos cidadãos, pode cumprir um papel estratégico na capilarização dos serviços de prevenção da judicialização e acesso à Justiça".

Dado o lócus em que inserida a justiça restaurativa, institucionalizada a partir da Resolução nº 225/CNJ e acoplada ao sistema judiciário (conforme desenvolvido no próximo tópico), seria demasiado exigir da referida norma prever as formas de iniciativa dos diversos setores da comunidade na construção de tal política pública. Porém, interditar práticas e procedimentos em curso pela simples e discricionária justificativa de contrariedade aos princípios previstos de forma não exaustiva pela norma parece fulminar a democratização do acesso à justiça segundo a perspectiva do restaurativismo.

3.5 Lócus da justiça restaurativa: acoplamento ao sistema judiciário sem diversificação?

A institucionalização da justiça restaurativa a partir da Resolução nº 225/CNJ parece confirmar de forma inequívoca que o lugar oficial de tal modelo de justiça reside no sistema formal, especialmente no âmbito do Poder Judiciário. Se, por um lado, isso revela, ao menos em tese, a preocupação do Estado em qualificar e humanizar o acesso à justiça, especialmente no campo criminal, por outro, demonstra a timidez e reticência no modo de fazê-lo, bem como a ausência de diversificação de respostas aos conflitos interpessoais.

Em fascinante obra sobre justiça restaurativa, Léa Martins Sales Ciarlini pontua: "justamente no momento da vinculação desse

---

[135] FLORES, Ana Paula Pereira; BRANCER, Leoberto. Por uma justiça restaurativa para o século 21. *In*: CRUZ, Fabrício Bittencourt da (Coord.). *Justiça Restaurativa*: horizontes a partir da Resolução CNJ 225. Brasília: CNJ, 2016. p. 100. Disponível no seguinte endereço eletrônico: https://www.cnj.jus.br/wp-content/uploads/2016/08/4d6370b2cd6b7ee42814ec39946f9b67.pdf. Acesso em: 26 jul. 2021.

movimento [restaurativo] ao sistema de justiça penal que ocorre a temida cooptação dos argumentos que embasam esse viés restaurativo pelo discurso do sistema de justiça penal"; o paradoxo essencial da institucionalização é declarado: "também se vislumbra no sistema formal o discurso de 'contenção' do uso dessa novidade [...], pois de forma mais ou menos velada defendem a manutenção da resposta estatal aflitiva como estratégia política de atuação no âmbito penal".[136]

A autora identifica que, de forma bastante eloquente, a Resolução silenciou a respeito da efetiva aplicação de práticas e procedimentos restaurativos no espectro mais geral do direito penal, ou seja, de forma bastante sutil, interditou o uso da nova ferramenta para lidar com conflitos penais classificados como mais graves, visto que, conforme se observa do teor normativo (especialmente do rol de considerandos pormenorizados no primeiro tópico deste capítulo), o destaque é dado para questões atinentes à Lei nº 9.099/95 e à Lei nº 8.069/1990.[137]

Marco Aurélio Nunes da Silveira e Lohan Ribeiro Couto[138] realizam interessante diagnóstico do Brasil: apesar de inserido no contexto latino-americano de reformas processuais penais em busca de democratização do sistema de justiça criminal, nosso país mostrou-se, em parte, alheio a tais impulsos após promulgar a Constituição de 1988, tendo olvidado uma reformulação global desse sistema desde suas bases, o que é sintomático pela edição de leis penais mais rigorosas, pela expansão do sistema penal (a pretexto de informalizar a justiça) e pelas pressões por endurecimento de agências de controle formal em face da criminalidade, quadro que denota a preferência pela trilha dos caminhos punitivos e aflitivos.

Os autores argumentam que a justiça restaurativa em pauta permite avaliar os rumos de possível refundação do sistema processual penal no país, com real compatibilidade em face dos ideais restaurativos, com o cuidado e a calibragem necessárias a evitar os riscos de sua absorção pelo sistema penal tradicional; o sistema em reconstrução deve, portanto, atender à lógica e à essência da justiça restaurativa, com

---

[136] CIARLINI, Léa Martins Sales. *A ética de Emmanuel Lévinas e a justiça restaurativa*: um diálogo interditado pela racionalidade penal moderna. Curitiba: CRV, 2019. p. 208.

[137] CIARLINI, Léa Martins Sales. *A ética de Emmanuel Lévinas e a justiça restaurativa*: um diálogo interditado pela racionalidade penal moderna. Curitiba: CRV, 2019. p. 209.

[138] SILVEIRA, Marco Aurélio Nunes da; COUTO, Lohan Ribeiro. Para além do processo: a implementação da justiça restaurativa no Brasil a partir do discurso político-criminal inerente à reforma processual penal na América Latina. *Revista da Faculdade Mineira de Direito*, v. 23, n. 46, p. 364.

a devida abertura, sob pena de as novas ideias serem simplesmente reconduzidas a manter o paradigma vigente.[139]

Pedro Scuro Neto, com sua peculiar lucidez, pontua que a justiça restaurativa não teria "qualquer obrigação de superar a racionalidade penal tal como a conhecemos, que está assentada no direito de punir valorizando penas aflitivas, supervalorizando a privação de liberdade (encarceramento como pena de referência), e desvalorizando sanções alternativas"; o impasse apresentado "pode ser superado mediante pesquisa, experimentação constante e aprofundamento conceitual da Justiça restaurativa como novo campo jurídico", e certamente "exige educar mais e melhor a população acerca dos benefícios dos modos alternativos, mas também envolver nesse ousado empreendimento os estabelecimentos de ensino (cursos jurídicos em particular), o sistema político e a sociedade".[140]

Apesar das críticas tecidas neste capítulo, em especial sobre o silenciamento a respeito de diversificação das respostas e de efetiva aplicabilidade da justiça restaurativa em face daqueles crimes considerados mais graves, a Resolução nº 225 do CNJ não deve ser vista como inócua. Ao conferir institucionalidade à justiça restaurativa desde o lócus do sistema judiciário, a norma impulsiona e estimula o modo de fazer restaurativo por parte dos tribunais no país, o que, certamente, já representa um razoável ponto de partida. O próximo capítulo cuidará justamente da forma de implementação da justiça restaurativa no âmbito do Distrito Federal, tanto na iniciativa empreendida pelo tribunal, quanto, principalmente, no Programa Escutando o Cidadão, implementado pelo Ministério Público local.

---

[139] SILVEIRA, Marco Aurélio Nunes da; COUTO, Lohan Ribeiro. Para além do processo: a implementação da justiça restaurativa no Brasil a partir do discurso político-criminal inerente à reforma processual penal na América Latina. *Revista da Faculdade Mineira de Direito*, v. 23, n. 46, p. 364 e 365.

[140] SCURO NETO, Pedro. Ser ou não ser Justiça Restaurativa. O que ainda falta (vinte anos depois) para desabrochar. *Revista Sociologia Jurídica*, n. 29, jul./dez. 2019. p. 136.

4

CONTINGÊNCIAS DA JUSTIÇA RESTAURATIVA NO DISTRITO FEDERAL: ESTUDO DO CASO DE CEILÂNDIA

O último capítulo da pesquisa inicia-se com a visibilidade da criminalidade violenta em Ceilândia como critério de escolha da localidade onde se analisam as práticas restaurativas envidadas no sistema de justiça daquela região administrativa. Com base em dados disponibilizados pela Secretaria de Segurança Pública do Distrito Federal e no Observatório da Mulher, demonstram-se os notáveis índices de crimes cometidos mediante violência e/ou grave ameaça contra a pessoa, o que impacta diretamente na elevada demanda perante o sistema de justiça local e possui relação com o nível de implementação do restaurativismo.

Em seguida, são analisadas as práticas restaurativas desenvolvidas em Ceilândia-DF desde seu aspecto quantitativo, consideradas as duas frentes de atuação: Poder Judiciário e Ministério Público. O foco inicial é dado à implementação da justiça restaurativa desde a estrutura do Tribunal de Justiça do Distrito Federal e dos Territórios, especificamente pelo Centro Judiciário de Justiça Restaurativa de Ceilândia (CEJURES-CEI), que iniciou seus trabalhos em dezembro de 2020. Os dados de atendimentos realizados pelo CEJURES-CEI englobam o primeiro semestre de 2021 e são descritos em tabelas sintéticas mais adiante neste capítulo.

O foco sobre a iniciativa empreendida pelo Ministério Público do Distrito Federal e Territórios e originada em Ceilândia é dado desde a origem aos resultados do Programa Escutando o Cidadão. Isso é feito mediante análise das portarias correlatas (de seu surgimento como projeto até implementação como programa), dos questionários de avaliação respondidos pelas pessoas atendidas e do artigo elaborado pelos promotores de justiça gestores do programa.

Na sequência, apresenta-se entrevista semiestruturada com as promotoras de justiça Anna Bárbara Fernandes de Paula e Jaqueline Ferreira Gontijo, responsáveis pela gestão do Programa Escutando o Cidadão, complementada com informações prestadas por Leila Duarte Lima (Secretária Executiva da Coordenadoria Executiva de Autocomposição) e Alexânia Alves Gonçalves (Assessora da Coordenadoria Executiva de Autocomposição). As dez questões formuladas voltam-se à autoanálise do programa, desde seus entraves aos seus êxitos, com a breve exposição, ao final, de um caso emblemático atendido pelo Escutando o Cidadão (irmã de vítima de feminicídio praticado com especial crueldade).[141]

Ao final, considerações são tecidas a respeito do que a experiência de Ceilândia comunica sobre a institucionalização do restaurativismo. A partir de percepções no estudo dos dados, dos documentos e da entrevista, à guisa de conclusão, é realizada uma análise crítica acerca do acoplamento da justiça restaurativa ao sistema formal local.

4.1 A visibilidade da criminalidade violenta na cidade de Ceilândia-DF como critério de escolha

Em janeiro de 2018, ao iniciar o trabalho como advogada orientadora da área criminal no Núcleo de Práticas Jurídicas do CEUB na unidade de Ceilândia-DF, chamou-me a atenção a demanda aparentemente infindável de processos criminais (distribuídos em quatro varas criminais, uma vara do tribunal do júri, duas varas de juizados de violência doméstica e familiar contra a mulher e uma vara de juizado especial criminal), notadamente no que dizia respeito a fatos praticados com violência ou grave ameaça contra a pessoa.

A expressiva criminalidade violenta naquela cidade (ao menos em termos de processos criminais formalizados) serviu como primeiro critério de escolha da localidade de estudo, haja vista a pertinência temática com práticas restaurativas ali desenvolvidas por iniciativa da Promotoria de Justiça de Ceilândia, com as quais tive contato no ano seguinte, ou seja, 2019. Antes da análise dessas práticas, porém, considero importante trazer alguns dados.

---

[141] Com o resguardo dos dados acessados, não houve necessidade de submeter o trabalho ao Comitê de Ética do UniCEUB. Disponível em: https://www.uniceub.br/cep.

Segundo informações compiladas pela Secretaria de Segurança Pública do Distrito Federal,[142] em 2018, considerado aqui o critério da data do fato,[143] observa-se que entre as 31 Regiões Administrativas, a cidade de Ceilândia (Região Administrativa IX) projetou 18,92% do total de registros de crimes praticados com violência ou grave ameaça à pessoa noticiados no Distrito Federal.

Seguem os dados de 2018 extraídos das respectivas tabelas:[144]

Crime	Ceilândia	Distrito Federal
Homicídio (tentado e consumado)	265	1.305*
Latrocínio (tentado e consumado)	52	227*
Lesão corporal seguida de morte	2	8*
Roubo	7.742	40.960
Estupro	118	725
TOTAL	**8.179**	**43.225**

* A tabela original apresenta dois eixos indicadores: ocorrências e vítimas. Aqui, foi considerado o eixo indicador de ocorrências.

Em 2019, o percentual de crimes violentos registrados em Ceilândia correspondeu a 19% dos dados registrados no Distrito Federal. Seguem as informações obtidas:[145]

---

[142] Trata-se da metodologia de divulgação estatística dos números oficiais relativos à criminalidade no Distrito Federal, desenvolvida desde janeiro de 2018, com o objetivo de conferir maior transparência acerca do aspecto quantitativo de determinados crimes ocorridos na entidade federativa. As planilhas consideram cada uma das 31 Regiões Administrativas do DF e adotam dois critérios distintos, com resultados próprios: data da comunicação e data do fato. Disponível em: http://www.ssp.df.gov.br/dados-por-regiao-administrativa/. Acesso em: 13 abr. 2021.

[143] O critério da data do fato foi selecionado para compor essa breve análise quantitativa por disponibilizar dados mais atualizados, ou seja, desde 2018 a 2021 (ao passo que o critério da data da ocorrência traz estatísticas de 2014 até 2018). Ademais, o critério da data do fato, conforme indicado pelo próprio portal da SSP-DF, proporciona "melhor visibilidade da criminalidade incidida de fato no período analisado".

[144] Dados disponíveis em: http://www.ssp.df.gov.br/wp-conteudo/uploads/2017/11/09_CEILANDIA-29.pdf e http://www.ssp.df.gov.br/wp-conteudo/uploads/2017/11/DF-2018.pdf. Acesso em: 13 abr. 2021.

[145] Dados disponíveis em: http://www.ssp.df.gov.br/wp-conteudo/uploads/2017/11/09_CEILANDIA-37.pdf e http://www.ssp.df.gov.br/wp-conteudo/uploads/2017/11/Balanco-criminal-2019_site.pdf. Acesso em: 13 abr. 2021.

Crime	Ceilândia	Distrito Federal
Homicídio (tentado e consumado)	239	1.294*
Latrocínio (tentado e consumado)	44	231*
Lesão corporal seguida de morte	1	6*
Roubo	6.876	36.105
Estupro	137	750
TOTAL	**7.297**	**38.386**

* A tabela original apresenta dois eixos indicadores: ocorrências e vítimas. Aqui, foi considerado o eixo indicador de ocorrências.

No ano de 2020, os dados da criminalidade violenta para Ceilândia equivaleram a 17,6% em relação a todo o Distrito Federal. Veja-se:[146]

Crime	Ceilândia	Distrito Federal
Homicídio (tentado e consumado)	152	1.123*
Latrocínio (tentado e consumado)	33	171*
Lesão corporal seguida de morte	0	5*
Roubo	4.296	24.048
Estupro	88	606
TOTAL	**4.569**	**25.953**

* A tabela original apresenta dois eixos indicadores: ocorrências e vítimas. Aqui, foi considerado o eixo indicador de ocorrências.

Em 2021 (dados atualizados até dia 05 de abril deste ano), Ceilândia já registrou 19,46% em relação aos crimes violentos noticiados no Distrito Federal, conforme segue:[147]

---

[146] Dados disponíveis em: http://www.ssp.df.gov.br/wp-conteudo/uploads/2017/11/09_CEILANDIA-50.pdf e http://www.ssp.df.gov.br/wp-conteudo/uploads/2017/11/DISTRITO-FEDERAL-1.pdf. Acesso em: 13 abr. 2021.

[147] Dados disponíveis em: http://www.ssp.df.gov.br/wp-conteudo/uploads/2017/11/09_CEILANDIA-53.pdf e http://www.ssp.df.gov.br/wp-conteudo/uploads/2017/11/Balanco-criminal-do-DF-1o-trimestre.pdf. Acesso em: 13 abr. 2021.

Crime	Ceilândia	Distrito Federal
Homicídio (tentado e consumado)	36	241*
Latrocínio (tentado e consumado)	8	52*
Lesão corporal seguida de morte	0	0
Roubo	1.082	5.432
Estupro	14	132
TOTAL	**1.140**	**5.857**

* A tabela original apresenta dois eixos indicadores: ocorrências e vítimas. Aqui, foi considerado o eixo indicador de ocorrências.

O menor percentual referente à criminalidade violenta registrada em Ceilândia, comparativamente ao total registrado no Distrito Federal, foi observado em 2020, ano em que foi decretada a situação de calamidade pública devido à pandemia de Covid-19.[148] As medidas então adotadas para restrição à circulação de pessoas e contenção da propagação do vírus podem ter apresentado relativa influência sobre o quantitativo de crimes noticiados no período.

Em que pese a situação pandêmica ter permanecido e, lamentavelmente, piorado em 2021,[149] já em abril deste ano a cidade de Ceilândia apresenta seu maior percentual de crimes violentos em relação ao quantitativo do Distrito Federal. Evidentemente, o dado é comparado ao marco inicial de 2018 (quando a Secretaria de Segurança Pública do Distrito Federal iniciou a modalidade estatística aqui analisada) e aos anos seguintes.

---

[148] Conforme Decreto Legislativo nº 2.284, de 02 de abril de 2020, disponibilizado no *Diário Oficial do Distrito Federal* de 07 de abril de 2020 (*DODF*, n. XLIX, ed. 66, p. 1). Disponível em: https://www.dodf.df.gov.br/index/visualizar-arquivo/?pasta=2020/04_Abril/DODF%20066%2007-04-2020&arquivo=DODF%20066%207-04-2020%20INTEGRA.pdf. Acesso em: 14 abr. 2021.

[149] Em meio a uma série de alterações de decretos e determinações judiciais a respeito de medidas restritivas quanto à circulação de pessoas, o governo do Distrito Federal obteve no Superior Tribunal de Justiça, em 9 de abril de 2020, a suspensão da decisão do TRF-1 que determinava o *lockdown* no âmbito distrital (disponível em: https://www.stj.jus.br/sites/portalp/Paginas/Comunicacao/Noticias/09042021-STJ-suspende-decisao-do-TRF1-que-determinava-lockdown-no-DF.aspx. Acesso em: 14 abr. 2021). Até 13 de abril de 2021, o Portal Covid-19 da Secretaria de Saúde do Distrito Federal noticia a ocorrência de 361.664 casos confirmados de pessoas infectadas com o coronavírus, com o total de 6.921 óbitos pela doença. Disponível em: http://www.coronavirus.df.gov.br/. Acesso em: 14 abr. 2021. No dia 14 de abril de 2021, foram notificados 66 óbitos ocasionados por Covid-19, sendo que 9 vítimas residiam em Ceilândia-DF. Disponível em: http://www.saude.df.gov.br/wp-conteudo/uploads/2020/03/RESUMO-DIARIO-DE-OBITOS-NOTIFICADOS-em-14.04.pdf. Acesso em: 14 abr. 2021.

Apesar do agravamento da pandemia no Distrito Federal, a flexibilização de medidas restritivas à circulação de pessoas neste ano aparenta ter influência relativa sobre os registros de criminalidade violenta na cidade de Ceilândia. Logicamente, a análise realizada neste tópico é apenas parcial e não tem pretensão de totalidade. Até porque um dado importante deve ser mencionado: Ceilândia é a Região Administrativa com maior volume populacional no Distrito Federal, correspondente a 443.824 pessoas, conforme dados compilados em 2020.[150] Ainda assim, impressionam os números absolutos do registro da criminalidade violenta na cidade e que impactam na elevada demanda sobre o Judiciário local, conforme observei desde minha vivência profissional.

Sob recorte de gênero, a visibilidade da violência contra a mulher se faz presente na cidade de Ceilândia, de modo mais acentuado em relação às demais regiões administrativas do Distrito Federal. O Observatório da Mulher foi criado pelo Decreto nº 40.476, de 02 de março de 2020,[151] no formato de portal eletrônico que compila principais dados e conteúdos referentes às mulheres do Distrito Federal, com finalidade de promover igualdade de gênero e diagnosticar de forma qualitativa situações como saúde, trabalho, educação e segurança.

No quesito segurança, dados de violência doméstica fornecidos ao Observatório da Mulher[152] pela Secretaria de Segurança Pública do Distrito Federal revelam que, entre todas as regiões administrativas, Ceilândia registrou o maior número de comunicações em 2020 (total de 481) e no primeiro trimestre de 2021 (total de 526):

---

[150] Disponível em: http://www.codeplan.df.gov.br/wp-content/uploads/2019/05/Sum%C3%A1rio-Executivo-Proje%C3%A7%C3%B5es-Populacionais.pdf. Acesso em: 14 abr. 2021. Enquanto isso, o mesmo arquivo indica que a população do DF no ano de 2020 foi estimada em pouco mais de 3 milhões de habitantes.

[151] Disponibilizado no *Diário Oficial do Distrito Federal* de 03 de março de 2020 (*DODF*, n. XLVIX, ed. 41, p. 1). Disponível em: http://www.buriti.df.gov.br/ftp/diariooficial/2020/03_Mar%C3%A7o/DODF%20041%2003-03-2020/DODF%20041%2003-03-2020%20INTEGRA.pdf. Acesso em: 09 jun. 2021.

[152] Disponível em: http://www.observatoriodamulher.df.gov.br/mulher-e-seguranca-2021/. Acesso em: 09 jun. 2021.

2. Violência Doméstica – comparativo dos anos de 2020 e 2021, por Região Administrativa

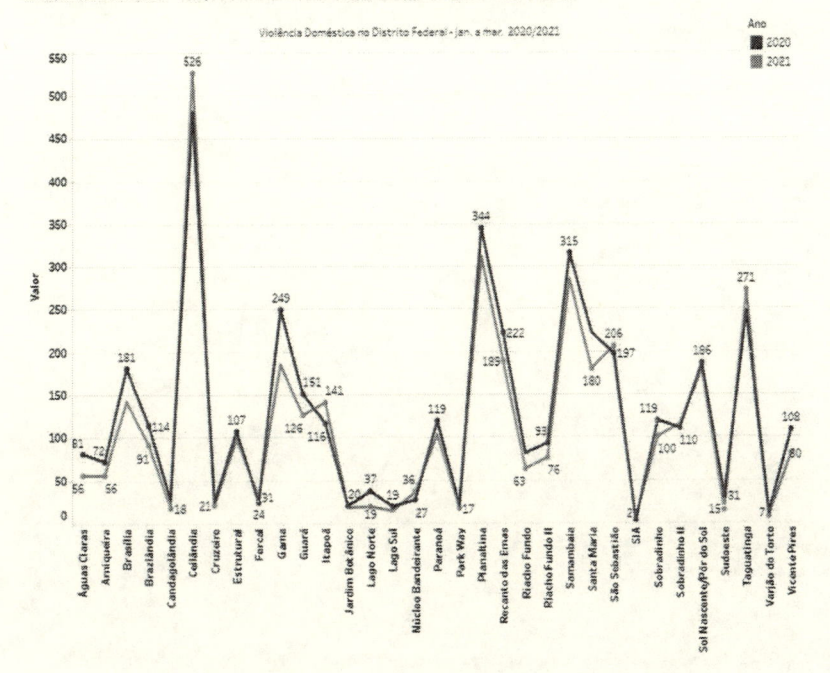

Violência Doméstica no Distrito Federal - jan. a mar. 2020/2021

Fonte: Observatório da Mulher.

Quanto aos crimes contra a dignidade sexual, o Observatório da Mulher[153] demonstra que Ceilândia liderou o índice comparativo em 2020 (88 registros de estupro e 15 casos de importunação sexual) e no primeiro trimestre de 2021, com 14 registros de estupro:

---

[153] Disponível em: http://www.observatoriodamulher.df.gov.br/mulher-e-seguranca-2021/. Acesso em: 09 jun. 2021.

5. Crimes de Estupro – comparativo dos anos de 2020 e 2021, por Região Administrativa

Crimes de Estupro (todas as formas - crime complexo) por Região Administrativa - Jan. a mar. 2020/2021.

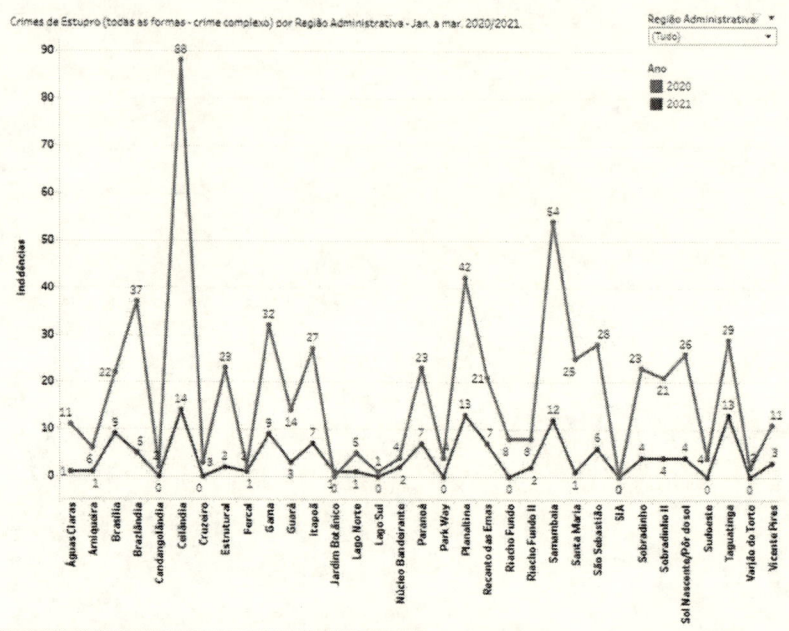

6. Crimes de importunação sexual por Região Administrativa

Crimes de importunação sexual por Região Administrativa - Jan. a mar. 2020/2021.

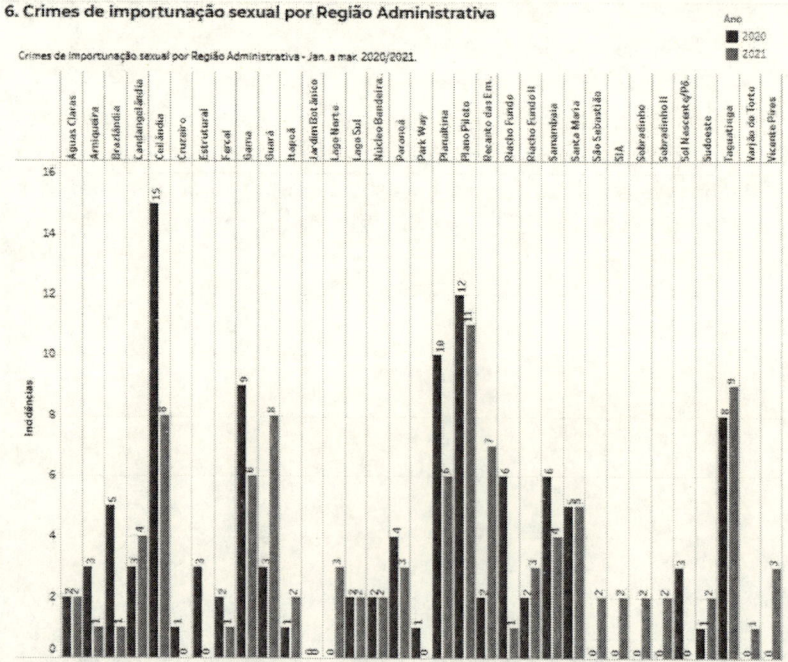

Fonte: Observatório da Mulher.

Os índices comparativos revelam que a região administrativa de Ceilândia apresenta, de forma geral, os maiores números oficializados de criminalidade violenta contra a mulher (exceto quanto ao registro de importunação sexual para o primeiro trimestre de 2021, liderado pelo Plano Piloto). Aparentemente, a restrição de mobilidade individual imposta pela pandemia de Covid-19 pode ter contribuído para o aumento dos casos de violência doméstica,[154] tanto que, apenas no primeiro trimestre deste ano, os registros apresentaram uma diferença de apenas 45 casos em relação a todo o ano passado.

Conforme já ressaltado, a demonstração de tais dados estatísticos não veicula pretensão de totalidade, tampouco visa apontar de forma absoluta a cidade de Ceilândia como região mais violenta e inóspita do Distrito Federal. Apenas se busca dar visibilidade a tantas formas de criminalidade violenta ali registradas, o que impacta diretamente na alta demanda de processos criminais suportada pelo judiciário local.

Isso importa, igualmente, para refletir e buscar responder aos seguintes questionamentos: as práticas restaurativas realizadas por iniciativa do Ministério Público e do Judiciário podem ser quantificadas? Essas práticas visam fazer frente à demanda de procedimentos criminais relacionados a crimes cometidos com violência ou grave ameaça à pessoa? Quais as origens, resultados e perspectivas de profissionais responsáveis pelo Programa Escutando o Cidadão, desenvolvido por iniciativa da Promotoria de Ceilândia e selecionado para análise qualitativa nesta pesquisa? O Programa visa minimizar, tanto quanto possível, os efeitos da vitimização secundária? O que dizem as promotoras de justiça gestoras do programa acerca de alguns questionamentos pontuados em forma de entrevista? Por fim, o que seria possível extrair acerca da institucionalização do restaurativismo em Ceilândia?

Os questionamentos pontuados serão objeto dos próximos tópicos deste capítulo.

---

[154] O Observatório da Mulher destaca, para o primeiro trimestre de 2021, que 96,4% dos casos registrados de violência doméstica no Distrito Federal ocorreram em residências. Para o mesmo período, observou-se que a maior porcentagem dos casos registrados de importunação sexual igualmente se deu no ambiente residencial (índice de 34%). Não houve divulgação sobre os locais de ocorrência dos crimes de estupro. Disponível em: http://www.observatoriodamulher.df.gov.br/mulher-e-seguranca-2021/. Acesso em: 11 jun. 2021.

4.2 Práticas restaurativas em Ceilândia: há um *quantum* de institucionalização?

Dentro do escopo desta pesquisa, a tentativa de quantificar práticas restaurativas institucionalizadas em Ceilândia passa pela identificação de duas frentes: Judiciário e Ministério Público. Neste tópico, será abordada a estrutura do restaurativismo desenhada por ambos os órgãos públicos, com especial ênfase nas iniciativas implementadas pelo Judiciário. Isso porque o programa específico desenvolvido pela Promotoria de Justiça de Ceilândia, denominado Escutando o Cidadão, será abordado com mais vagar no tópico seguinte.

Em cumprimento às diretrizes da Resolução CNJ nº 225 de 31.05.2016, o Tribunal de Justiça do Distrito Federal e dos Territórios estruturou a justiça restaurativa em quatro níveis organizacionais.[155] A Segunda Vice-Presidência, órgão da administração superior do TJDFT, tem por responsabilidade a Política Nacional de Justiça Restaurativa no âmbito do Judiciário do Distrito Federal. O Núcleo Permanente de Justiça Restaurativa (NUJURES) e os Centros Judiciários de Justiça Restaurativa[156] (CEJURES) são responsáveis por planejamento e implementação. Por fim, os Centros Judiciários de Solução de Conflitos e Cidadania (CEJUSCs híbridos) são incumbidos de viabilizar a expansão da justiça restaurativa no TJDFT, especialmente em circunscrições ainda não contempladas com CEJURES próprios[157] (trata-se de uma gestão conjunta).

A circunscrição judiciária de Ceilândia dispõe de CEJUSC híbrido desde dezembro de 2020, em extensão ao projeto-piloto iniciado em agosto de 2020 na circunscrição de Taguatinga. Ambos atuam principalmente na realização de mediações em processos oriundos de Juizados Especiais Criminais, bem como em processos que envolvam crimes considerados mais graves e tramitados nas varas criminais e varas do tribunal do júri. Vale pontuar que a remessa dos processos aos CEJUSCs híbridos é realizada pelo juiz de ofício ou mediante requerimento do Ministério Público, da Defensoria Pública, das partes, de seus advogados

---

[155] Disponível em: https://www.tjdft.jus.br/informacoes/cidadania/justica-restaurativa/a-justica-restaurativa/estrutura. Acesso em: 24 jun. 2021.
[156] Os CEJURES estão presentes em quatro circunscrições judiciárias do Distrito Federal: Planaltina, Núcleo Bandeirante, Gama e Santa Maria.
[157] Trata-se de gestão conjunta estabelecida com os CEJURES. Os CEJUSCs híbridos, até o momento, encontram-se presentes em duas circunscrições: Taguatinga e Ceilândia.

ou dos setores técnicos de psicologia e serviço social, conforme o artigo 7º, da Resolução CNJ nº 225 de 31.05.2016.

Para o recorte desta pesquisa, serão analisados os indicadores do CEJUSC híbrido de Ceilândia, conforme o Relatório de Atividades de 2020.[158] Com sua implementação em dezembro de 2020, ao final do ano o CEJURES-CEI (denominação conferida no próprio relatório) já havia recebido o total de 63 (sessenta e três) processos encaminhados. Houve designação de 10 (dez) sessões restaurativas, das quais 9 (nove) foram realizadas. O resultado consistiu em 2 (dois) processos encerrados com acordo.

Em solicitação enviada por *e-mail* ao CEJURES-Ceilândia e ao Núcleo Permanente de Justiça Restaurativa (NUJURES), a resposta foi dada por Nadine Neves do Nascimento, servidora titular lotada no NUJURES, que gentilmente cedeu as estatísticas mensais elaboradas desde janeiro a junho deste ano, no formato de planilhas Excel. A análise pormenorizada de tais dados viabilizou a identificação de três características consideradas relevantes para a pesquisa: número de processos encaminhados do Judiciário ao CEJURES-Ceilândia, tipos penais constantes dos processos e número de sessões e de acordos realizados. É o que se retrata nos quadros a seguir.

JANEIRO-2021
Total de **52 andamentos processuais** registrados.
Nenhum encaminhamento do Judiciário para o CEJURES-CEI.
Tipos penais dos processos registrados: ameaça, injúria, lesão corporal leve, perturbação da tranquilidade, perturbação do trabalho ou do sossego alheios, vias de fato, submissão de criança ou adolescente a constrangimento ou vexame (art. 232 do ECA), omissão de cautela na guarda ou condução de animal, lesão corporal culposa na condução de veículo, porte de arma branca, desacato, exercício arbitrário das próprias razões, vias de fato, dano, injúria real. **Juízo responsável pelos processos**: Vara do Juizado Especial Criminal da Circunscrição Judiciária de Ceilândia-DF.
Nenhuma **sessão** e nenhum **acordo** realizado.

---

[158] Disponível em: https://www.tjdft.jus.br/informacoes/cidadania/justica-restaurativa/publicacoes/relatorios/relatorio-anual-nujures-2020.pdf. Acesso em: 24 jun. 2021.

FEVEREIRO-2021
Total de **205 andamentos processuais** registrados.
54 encaminhamentos do Judiciário para o CEJURES-CEI.
Tipos penais dos processos registrados: ameaça, injúria, lesão corporal leve, perturbação da tranquilidade, perturbação do trabalho ou do sossego alheios, vias de fato, submissão de criança ou adolescente a constrangimento ou vexame (art. 232 do ECA), omissão de cautela na guarda ou condução de animal, lesão corporal culposa na condução de veículo, desacato, exercício arbitrário das próprias razões, vias de fato, dano, injúria real, calúnia, difamação, violação de domicílio, lesão corporal culposa, lesão corporal tentada, afastar-se o condutor do local do acidente para fugir à responsabilidade.
Juízo responsável pelos processos: Vara do Juizado Especial Criminal da Circunscrição Judiciária de Ceilândia-DF.
32 sessões restaurativas **designadas**, 31 sessões restaurativas **realizadas** e *sem* informação nas planilhas sobre eventual **acordo** realizado.

MARÇO-2021
Total de **163 andamentos processuais** registrados.
45 encaminhamentos do Judiciário para o CEJURES-CEI.
Tipos penais dos processos registrados: ameaça, injúria, lesão corporal leve, perturbação da tranquilidade, perturbação do trabalho ou do sossego alheios, vias de fato, omissão de cautela na guarda ou condução de animal, lesão corporal culposa na condução de veículo, desacato, exercício arbitrário das próprias razões, vias de fato, dano, afastar-se o condutor do local do acidente para fugir à responsabilidade, difamação, violação de domicílio, lesão corporal tentada.
Juízo responsável pelos processos: Vara do Juizado Especial Criminal da Circunscrição Judiciária de Ceilândia-DF.
25 sessões restaurativas **designadas**, 13 sessões restaurativas **realizadas** e *sem* informação nas planilhas sobre eventual **acordo** realizado.

ABRIL-2021
Total de **189 andamentos processuais** registrados.
42 encaminhamentos do Judiciário para o CEJURES-CEI.
Tipos penais dos processos registrados: ameaça, injúria, lesão corporal leve, perturbação da tranquilidade, perturbação do trabalho ou do sossego alheios, vias de fato, omissão de cautela na guarda ou condução de animal, lesão corporal culposa na condução de veículo, desacato, exercício arbitrário das próprias razões, vias de fato, dano, calúnia, afastar-se o condutor do local do acidente para fugir à responsabilidade, difamação, violação de domicílio, lesão corporal culposa, resistência.
Juízo responsável pelos processos: Vara do Juizado Especial Criminal da Circunscrição Judiciária de Ceilândia-DF.
34 sessões restaurativas **designadas**, 33 sessões restaurativas **realizadas** e *sem* informação nas planilhas sobre eventual **acordo** realizado.

MAIO-2021
Total de **183 andamentos processuais** registrados.
73 encaminhamentos do Judiciário para o CEJURES-CEI.
Tipos penais dos processos registrados: ameaça, injúria, lesão corporal leve, perturbação da tranquilidade, perturbação do trabalho ou do sossego alheios, vias de fato, omissão de cautela na guarda ou condução de animal, lesão corporal culposa na condução de veículo, vias de fato, dano, lesão corporal e ameaça em contexto de violência doméstica, importunação sexual, dano em coisa de valor artístico, arqueológico ou histórico, calúnia, afastar-se o condutor do local do acidente para fugir à responsabilidade, difamação, violação de domicílio. **Juízo responsável pelos processos**: Vara do Juizado Especial Criminal da Circunscrição Judiciária de Ceilândia-DF; 1ª, 3ª e 4ª Varas Criminais da Circunscrição Judiciária de Ceilândia-DF.
19 sessões restaurativas **designadas**, 20 sessões restaurativas **realizadas** e *sem* informação nas planilhas sobre eventual **acordo** realizado.

JUNHO-2021
Total de **227 andamentos processuais** registrados.
116 encaminhamentos do Judiciário para o CEJURES-CEI.
Tipos penais dos processos registrados: ameaça, injúria, lesão corporal leve, perturbação da tranquilidade, perturbação do trabalho ou do sossego alheios, vias de fato, porte de arma branca, omissão de cautela na guarda ou condução de animal, lesão corporal culposa na condução de veículo, exercício arbitrário das próprias razões, vias de fato, dano, injúria real, calúnia, afastar-se o condutor do local do acidente para fugir à responsabilidade, difamação, violação de domicílio, lesão corporal culposa, lesão corporal e ameaça em contexto de violência doméstica, importunação sexual, apropriação indébita e maus tratos contra idoso, usurpação de função pública, injúria e ameaça contra idoso. **Juízo responsável pelos processos**: Vara do Juizado Especial Criminal da Circunscrição Judiciária de Ceilândia-DF; 1ª, 3ª e 4ª Varas Criminais da Circunscrição Judiciária de Ceilândia-DF.
29 sessões restaurativas **designadas**, 15 sessões restaurativas **realizadas** e *sem* informação nas planilhas sobre eventual **acordo** realizado.

A institucionalização da justiça restaurativa na circunscrição de Ceilândia por iniciativa do Poder Judiciário do Distrito Federal, de forma estruturada e autônoma, é recente, contando com sete meses de experiência até o encerramento deste capítulo. Os dados obtidos ainda são incipientes, mas já revelam o fluxo de trabalho estabelecido com a remessa dos processos ao CEJUSC híbrido/CEJURES-CEI e a realização de sessões e acordos mediante práticas restaurativas. Tudo a indicar, no mínimo, o advento de uma institucionalização que, em termos quantitativos, é significativa como marco na adoção estruturada dos moldes restaurativos na abordagem dos conflitos criminais que envolvam violência e/ou grave ameaça.

No âmbito do Ministério Público do Distrito Federal e dos Territórios, a institucionalização da justiça restaurativa foi iniciada em setembro de 2018, com o Projeto Escutando o Cidadão, o qual atualmente possui estrutura de programa. Sua origem e resultados pormenorizados serão objeto do próximo tópico. Antes, porém, de discorrer sobre os aspectos quantitativos do Escutando o Cidadão, vale diferenciar conceitualmente o projeto, que é "um esforço temporário planejado e empreendido para criar um produto, serviço ou resultado único",[159] e o programa, "um grupo de projetos relacionados gerenciados de modo coordenado para obtenção de benefícios e controle que não estariam disponíveis se eles fossem gerenciados individualmente".[160] Feita a breve distinção conceitual, passa-se à análise da iniciativa institucional do MPDFT, o Escutando o Cidadão.

4.3 Programa Escutando o Cidadão: da origem aos resultados

O olhar aprofundado sobre o Programa Escutando o Cidadão contará com análise documental de duas portarias editadas pela Procuradoria-Geral de Justiça do Distrito Federal e Territórios, bem como de relatório de análise estatística que avalia os resultados do Escutando o Cidadão em sua fase de projeto. Os documentos aqui analisados foram gentilmente cedidos pelas promotoras de justiça gestoras do Programa, Anna Bárbara Fernandes de Paula e Jaqueline Ferreira Gontijo. A análise documental aqui realizada tem por objetivo fixar a linha do tempo desde a origem do Escutando o Cidadão até os resultados mais recentes documentados, a fim de verificar como a justiça restaurativa toma forma com o MPDFT.

Em 2018, o Ministério Público do Distrito Federal e Territórios instituiu o Projeto Escutando o Cidadão, por meio da Portaria nº 1.075, de 11 de setembro de 2018.[161] Referido ato normativo declara compromisso com a Política Nacional de Incentivo à Autocomposição no âmbito do Ministério Público, instituído pela Resolução nº 118/2014, de 1º de dezembro de 2014, do Conselho Nacional do Ministério Público (CNMP); o projeto teve sua elaboração, acompanhamento e execução dispostos no Procedimento de Gestão Administrativa nº 08191.083726/2018-19, o

---

[159] *Um guia do conhecimento em gerenciamento de projetos (guia PMBOK)*. [texto e tradução] Project Management Institute. São Paulo: Saraiva, 2012. p. 440.

[160] *Ibidem*, p. 440.

[161] MPDFT. *Portaria nº 1075*, de 11 de setembro de 2018. Institui, no âmbito do Ministério Público do Distrito Federal e Territórios, o projeto Escutando o Cidadão – diálogos com vítimas de delitos e dá outras providências.

que vincula a gênese da iniciativa aos objetivos estratégicos de cidadania fortalecida e de criminalidade combatida.[162]

A Portaria nº 1.075/2018 conta com seis artigos,[163] os quais serão descritos a seguir. O primeiro artigo dispõe expressamente sobre a instituição do Projeto Escutando o Cidadão. Por sua vez, o segundo artigo declara o objetivo da implementação de práticas restaurativas com vítimas de delitos no âmbito das Promotorias Criminais de Ceilândia. O terceiro artigo define como unidades responsáveis pelas atividades de implementação: a 10ª Promotoria de Justiça Criminal da Ceilândia e a Coordenadoria Executiva de Autocomposição. No mesmo dispositivo, são definidos como gestores do projeto a promotora de Justiça Anna Bárbara Fernandes de Paula (também responsável pela coordenação do projeto) e o promotor de Justiça Pedro Thomé Arruda Neto, ambos com o poder de designar coordenador, grupo, equipe, comissão ou núcleo de trabalho para acompanhamento e execução do projeto.

O quarto artigo da Portaria nº 1.075/2018 define a competência dos gestores na prestação de informações necessárias à validação do projeto perante a Assessoria de Projetos da Secretaria de Planejamento (Aproj/Secplan). O dispositivo estabelece ainda que tanto o desenvolvimento como a validação das ações a serem implementadas devem obedecer ao projeto elaborado com consultoria da Aproj/Secplan, a qual deve ser informada sobre eventual alteração para providenciar os devidos ajustes no projeto. O quinto artigo determina prazo até dezembro de 2019 para a execução do projeto, com possibilidade de prorrogação mediante aviso prévio à Aproj/Secplan, para eventuais ajustes. Ainda neste artigo, o projeto é previsto como possível serviço ou rotina da unidade responsável a ser replicado nas unidades interessadas do MPDFT, com a condição de serem observados os procedimentos validados em documentos gerados na fase de encerramento. Por fim, o sexto artigo declara o início da vigência como a data da publicação do ato normativo.

Os resultados do Projeto "Escutando o Cidadão" foram compilados em Relatório de Análise Estatística,[164] publicado no mês de fevereiro

---

[162] É o que consta dos considerandos da Portaria nº 1.075/2018.

[163] MPDFT. *Portaria nº 1.075*, de 11 de setembro de 2018. Institui, no âmbito do Ministério Público do Distrito Federal e Territórios, o projeto Escutando o Cidadão – diálogos com vítimas de delitos e dá outras providências.

[164] MPDFT. *Relatório de análise estatística*. Projeto Escutando o Cidadão - Questionários Pré e Pós-Círculos. Fevereiro/2020. Disponível em: https://www.mpdft.mp.br/portal/pdf/programas_projetos/escutando_cidadao/relatorio_analise_estatistica_Escutando_o_Cidada%CC%83o_fev-2020.pdf. Acesso em: 02 jul. 2021.

de 2020 e elaborado em coordenação entre a Secretaria de Planejamento (Secplan – representada por José Joaquim Vieira de Araújo), a Assessoria de Tratamento de Informações Institucionais (representada por Marcus Vinicius Teixeira Borba e René Mallet Raupp) e a Promotoria Criminal do MPDFT, titularizada por Anna Bárbara Fernandes de Paula. O objetivo do relatório consistiu na identificação do papel do MPDFT e dos níveis de compreensão e satisfação nos eventos do Projeto Escutando o Cidadão, pautados por círculos de diálogos com vítimas de delitos.

O *corpus* descrito pelo Relatório resultou da coleta de 23 avaliações pré-círculo e 26 avaliações pós-círculo, cujas respostas foram alimentadas em formulário eletrônico disponibilizado em 03.09.2018 e extraído em 11.07.2019. Ainda sobre a metodologia, foram consideradas as respostas fornecidas pelas pessoas que responderam aos questionários de avaliações pré e pós-círculo, respeitado o anonimato e sem contabilizar as respostas deixadas em branco. O Relatório considerou variáveis qualitativas nominais, mediante levantamento proporcional individualizado e respectivas representações gráficas, com o contraste entre frequências individuais e frequências relativas. Em seguida, realizou-se uma comparação entre a pergunta 3 do questionário pré-círculo e a pergunta 4 do questionário pós-círculo.

Nos questionários pré-círculo, coletaram-se dados pormenorizados a seguir. Quanto ao sexo, 64% das respondentes identificaram feminino e 36%, masculino. Sobre escolaridade, 6 indicaram nível fundamental, 11 indicaram nível médio e 15, nível superior. Questionados se já compareceram ao Ministério Público anteriormente (Promotoria de Justiça de Ceilândia e/ou do Guará), 62% responderam "sim" e 38% responderam "não". Se sabem qual o papel do Ministério Público e do Promotor de Justiça, 66% dos respondentes indicaram "sim", 21% indicaram "não" e 13% não souberam responder. Questionados se conhecem os direitos e deveres das vítimas de delitos, 51% responderam "não", 28% responderam "sim" e 21% apontaram "não sei responder". Por fim, se já participaram de alguma audiência no Poder Judiciário anteriormente como vítima ou testemunha, 51% responderam "sim", 46% responderam "não" e 3% não souberam responder.

Por sua vez, os questionários pós-círculo resultaram nos dados adiante. No que concerne ao sexo, 63% das respondentes identificaram feminino e 37%, masculino. Quanto à escolaridade, 1 respondente era alfabetizado, 6 possuíam nível fundamental, 13 indicaram ensino médio e 16, ensino superior. Questionadas se a duração do evento foi adequada, 95% das pessoas responderam "sim", 3% responderam "não" e 2% não souberam responder. Se os horários previstos na programação foram cumpridos, 93% indicaram "sim", 5% indicaram "não" e 2% não souberam responder. Se houve clareza na abordagem dos temas, 40 indicaram "sim" (uma resposta em branco em Ceilândia e uma resposta em branco no Guará).

Questionadas se compreenderam os direitos e deveres da vítima no processo criminal, 71% responderam "sim", 13% responderam não e 16% não souberam responder. Se sentiam maior preparo para comparecer à audiência no processo criminal, 61% indicaram "sim", 13% indicaram "não" e 26% não souberam responder. Se sentiam necessidade de acompanhamento psicológico em razão do delito, 63% responderam "não", 19% responderam "sim" e 18% não souberam responder. Questionadas sobre a satisfação com o evento, 19 se disseram muito satisfeitos e 7 disseram estar satisfeitos. Se gostariam de participar novamente de outro círculo, 22 responderam "sim", 1 disse "não" e 2 não souberam responder. Se gostariam da oportunidade de conversar com o(a) ofensor(a) por meio de um círculo para lhe contar as consequências do delito, 15 indicaram "não", 5 indicaram "sim" e 6 não souberam responder. Se a sua imagem do MP melhorou após o evento, 21 responderam "sim", 1 respondeu "em parte" e 3 não souberam responder.

Ao final dos questionários pós-círculo, as respondentes comentaram:[165]

– "Parabéns ao MP.&#xOD; Bom me sentir muito seguro. Foi um alivio. Agora reconstruir".
– "Gostei muito!".
– "Foi ótimo o trabalho!".
– "Quero agradecer pelo evento. Fiquei surpresa pela iniciativa e me senti acolhida".
– "Para mim foi td perfeito e amo está com vocês".
– "Momento muito proveitoso e enriquecedor!".
– "Para mim foi maravilhoso estar com todos vocês. Eu me sinto melhor".
– "Muito significativo o interesse do Ministério Público em aproximar o cidadão, estar mais próximo".

---

[165] MPDFT. *Relatório de análise estatística*. Projeto Escutando o Cidadão – Questionários Pré e Pós-Círculos. Fevereiro/2020, p. 21. Disponível em: https://www.mpdft.mp.br/portal/pdf/programas_projetos/escutando_cidadao/relatorio_analise_estatistica_Escutando_o_Cidada%CC%83o_fev-2020.pdf. Acesso em: 02 jul. 2021.

– "Acredito que o horário noturno pode suscitar receio de participar, pois a localização é tida como área de risco".
– "Necessário esclarecimento sobre o tempo de fala para evitar a dispersão dos participantes".
– "Que esse evento se espalhe para os Ministérios".
– "Muito agradecida. Foi muito bom estar com vocês".
– "O círculo é muito satisfatório, nos deixa mais leves".
– "É um espaço fantástico de partilha. Que o MP abra portas eternas para a escuta empática".
– "Seria melhor ainda se houvesse mais pessoas".

O Relatório indica ainda que a comparação entre o item 3 e o item 4 das avaliações pré e pós-círculo (sobre a compreensão dos direitos e deveres das vítimas de delitos) resultou nos seguintes percentuais: "sim", houve compreensão para 35% das respondentes antes do círculo e para 65% após o círculo; "não" houve compreensão para 52% das pessoas no pré-círculo e para 13% no pós-círculo; finalmente, 13% não sabiam responder antes do círculo e 22%, após o círculo.

Considerando apenas as respostas "sim" e "não", foi calculado o coeficiente de contingência,[166] que resultou no índice de 0,405, a apontar para associação moderada/forte e a denotar que a participação nos círculos, na comparação entre fases pré e pós, tem melhorado de forma significativa a compreensão das vítimas em relação a seus direitos e deveres.

Ao final, avaliada a qualidade e o impacto do evento nas pessoas participantes dos círculos, todas as respostas nos questionários analisados apresentaram bons *feedbacks*, com percentuais entre 70% e 90%. Portanto, a percepção geral dos cidadãos em relação ao programa foi avaliada de forma positiva. Após a descrição detalhada dos resultados obtidos pelo relatório estatístico elaborado na fase do projeto, a seguir será pormenorizada a conversão em programa e os resultados alcançados.

---

[166] O coeficiente de contingência, conforme descrito no tópico "metodologia" do relatório de análise estatística do Projeto Escutando o Cidadão, é uma medida de associação entre variáveis qualitativa situada entre zero e um. O coeficiente entre 0 e 25% indica associação "fraca"; coeficiente superior a 25% e inferior ou igual a 50% indica associação "moderada"; e coeficiente superior a 50% indica associação "forte".

No ano de 2020, o projeto converteu-se no Programa Escutando o Cidadão, por meio da Portaria nº 666, de 13 de fevereiro de 2020.[167] Segundo os considerandos, o ato normativo encontra sua matriz constitucional na cidadania e na dignidade da pessoa humana, conforme artigo 1º, incisos I e III, da Carta Magna; declara compromisso com o tratamento compassivo e respeitoso em relação à vítima, a qual deve ser ouvida em suas necessidades, opiniões, preocupações, bem como deve ser protegida e devidamente informada de seus direitos materiais, imateriais e processuais.

A Portaria nº 666/2020 contém seis artigos,[168] pormenorizados a seguir. O primeiro artigo institui expressamente o Programa Escutando o Cidadão no âmbito do Ministério Público do Distrito Federal e Territórios. O segundo artigo define os objetivos do Programa: promover acolhimento, oitiva, acesso a informações, atenção e proteção às vítimas de delitos e suas famílias. O terceiro artigo dispõe sobre a vinculação entre o Escutando o Cidadão e a Política de Autocomposição do Ministério Público do Distrito Federal e dos Territórios (esta sob coordenação da Vice-Procuradoria-Geral de Justiça Jurídico-Administrativa).

O quarto artigo declara que a implementação do Programa Escutando o Cidadão seja supervisionada pelo coordenador da área temática restaurativa do Programa Permanente de Incentivo à Autocomposição e devidamente assessorada pela Coordenadoria Executiva de Autocomposição. O mesmo dispositivo traz em seus parágrafos as seguintes diretivas para o Escutando o Cidadão: na proteção e no amparo às vítimas de criminalidade, adoção do Guia Prático de atuação do Ministério Público elaborado pelo CNMP em 2019; nas ações do Programa, o Manual de Processos e Procedimentos do Projeto Escutando o Cidadão.

Por fim, o quinto artigo dispõe sobre a permanente rede de apoio com a qual o Programa Escutando o Cidadão poderá contar: Ouvidoria, Coordenadoria Executiva de Psicossocial (CEPS), Secretaria de Educação e Desenvolvimento Corporativo (Secor), Secretaria de Comunicação (Secom), Secretaria de Planejamento (Secplan) e demais unidades do Ministério Público do Distrito Federal e Territórios que possam prestar colaboração ao desenvolvimento das ações do Programa. O sexto

---

[167] MPDFT. *Portaria nº 666*, de 13 de fevereiro de 2020. Institui, no âmbito do Ministério Público do Distrito Federal e Territórios, o Programa Escutando o Cidadão.
[168] *Idem.*

e último artigo declara o início da vigência da Portaria como sua data de publicação.

Desenhado o quadro normativo do Programa Escutando o Cidadão, passa-se a discorrer sobre alguns elementos teóricos basilares para sua idealização e implementação prática. Anna Bárbara Fernandes de Paula, Jaqueline Ferreira Gontijo e André Vinícius de Almeida, promotores de justiça do MPDFT (as duas primeiras são gestoras do Programa), elaboraram o artigo intitulado "Escutando o Cidadão: Proteção à vítima. Persecução Penal. Peticionamento eletrônico no Distrito Federal".[169] Os autores dividem o texto em quatro seções: 1. Crime e trauma; 2. A vítima do delito como sujeito de direitos; 3. Escutando o cidadão: diálogos com vítimas de delitos; 4. Sigilo de dados de vítimas e testemunhas. Para o escopo desta parte da pesquisa, a ênfase deverá ser dada à segunda e à terceira seções do artigo, sem descurar de observações gerais acerca das outras duas seções.

A primeira parte do texto trata sobre crime e trauma.[170] Aqui, podem-se destacar as seguintes assertivas: o princípio constitucional da dignidade da pessoa humana conduz ao necessário olhar humanizado à vítima; de tal princípio decorre a proibição de se utilizar ou se transformar a vítima em simples objeto nos processos; o Estado tem o dever de proteger o indivíduo contra exposição indevida, de respeitar e compreender a dor da vítima (direta ou reflexa) de um crime, com o devido apoio e encaminhamento a profissionais especializados; o impacto do delito na vida da vítima traz perguntas complexas e não admite respostas prontas ou generalizadas, dada a própria complexidade na definição do que seja trauma; há resposta individualizada de cada pessoa aos eventos que lhe ocorrem na vida; não é o evento em si, mas a reação da pessoa que pode gerar trauma potencialmente autoperpetuador, a gerar ciclo de vitimização e de violência; o processo de superação do trauma requer olhar de atenção, apoio e proteção às vítimas; é preciso criar espaços seguros de diálogo, em que as vítimas sejam acolhidas e convidadas a falar sobre sua história; o sistema criminal tem importante papel de fornecer apoio, suporte e compreensão às vítimas do delito, para ajudar na jornada em busca da superação

---

[169] PAULA, Anna Bárbara Fernandes de; GONTIJO, Jaqueline Ferreira; ALMEIDA, André Vinícius de. Escutando o Cidadão: Proteção à vítima. Persecução penal. Peticionamento eletrônico no Distrito Federal. *Revista Lex de Criminologia & Vitimologia*, Porto Alegre, v. 1, n. 1, p. 83-114, 2021.

[170] *Ibidem*, p. 84-90.

do trauma; o Programa Escutando o Cidadão surge em contexto de apoio, valorização e empoderamento de vítimas de crimes, em busca de justiça restaurativa e humana, em três eixos – direitos à informação, à participação e à proteção.

A segunda seção do artigo aborda a vítima como sujeito de direitos.[171] Neste tópico, chamam a atenção estas assertivas: no âmbito da Criminologia, a vítima foi em parte negligenciada até pelo menos a década de 1970, quando os estudos eram focados na pessoa do delinquente; a ramificação em vitimologia a partir do contexto posterior à 2ª Guerra Mundial permitiu enfatizar a compreensão acerca da vítima e do processo de vitimização, especialmente a secundária (decorrente da própria atuação dos órgãos de persecução penal); a neutralização da vítima é observável a partir da supressão da vontade da vítima desde o início da atuação estatal frente ao delito; não raro, o ofendido é simplesmente meio de obtenção de prova, instrumentalizado para a persecução penal em contexto inóspito e moroso; o programa Escutando o Cidadão opera justamente no intuito de reduzir ao máximo os efeitos da vitimização secundária; o destaque é dado na realocação da vítima na condição de protagonista do evento delitivo e de detentora de direitos fundamentais a serem garantidos pelo Poder Público, o que deve ser equilibrado com os direitos do acusado, em especial a ampla defesa, o contraditório e o devido processo legal; a tensão entre os direitos da vítima e do acusado reside ilustrativamente na preservação dos dados pessoais do ofendido e de testemunhas, objeto do tópico seguinte.

Por seu turno, a terceira seção do texto discorre acerca do Programa Escutando o Cidadão: diálogos com vítimas de delitos.[172] Aqui, pontuam-se as seguintes assertivas: a evolução legislativa no Brasil em favor das vítimas não foi acompanhada em tempo real pela atuação dessas vítimas no processo (ainda bastante limitada à mera narrativa dos fatos, à semelhança de testemunhas oculares, com objetivo de condenação do agressor e/ou, no máximo, fixação de indenização mínima pelos danos sofridos com o delito); a exposição da vítima pode ser observada desde a delegacia, quando, em contexto de flagrante, muitas vezes é posta frente a frente com o autuado, até o momento do

---

[171] PAULA, Anna Bárbara Fernandes de; GONTIJO, Jaqueline Ferreira; ALMEIDA, André Vinícius de. Escutando o Cidadão: Proteção à vítima. Persecução penal. Peticionamento eletrônico no Distrito Federal. *Revista Lex de Criminologia & Vitimologia*, Porto Alegre, v. 1, n. 1, p. 90-94.

[172] *Ibidem*, p. 94-95.

processo em curso, quando dados sensíveis da vítima são expostos nos autos, inclusive via internet, o que viola a intimidade e causa ainda mais insegurança; a maior parte das vítimas não é devidamente informada acerca de seus direitos e deveres, do andamento das investigações ou do eventual arquivamento do inquérito; em que pese o artigo 201, §5º, do Código de Processo Penal,[173] na prática não há garantia de encaminhamento das vítimas às redes psicossociais, por ausência de protocolo e parcerias de atendimento, exceto em processos de violência doméstica contra a mulher.

Em seguida, os autores[174] mencionam que, no âmbito do Ministério Público do Distrito Federal e Territórios, o projeto Escutando o Cidadão – diálogos com vítimas de delitos foi criado em agosto de 2018 e convertido em Programa com o mesmo nome em fevereiro de 2020, cuja proposta consiste em acolhimento, informação e proteção às vítimas em geral, para tratamento humanizado em todo o sistema de justiça criminal, de acordo com o princípio da dignidade humana. O texto ainda descreve que o Programa Escutando o Cidadão estrutura-se em três eixos interconectados, quais sejam, informação, participação e proteção.

O eixo da informação consiste em dar o conhecimento à vítima acerca de seus direitos, deveres e das etapas do processo criminal, o que ocorreu, por exemplo, com a Campanha "Você foi vítima de um crime?", com divulgação de material voltado para as mídias sociais, com linguagem simples e acessível; enquanto isso, o eixo da participação busca incentivar postura ativa da vítima no processo penal (ilustrativamente, com apresentação de provas, busca da restituição de bens apreendidos, busca da reparação patrimonial do dano mediante comprovação, ciência e eventual recurso contra arquivamento do inquérito); aqui, além de *folders* informativos disponibilizados antes, durante ou depois da audiência criminal, tem-se a possibilidade de

---

[173] BRASIL. *Decreto-lei nº 3.689*, de 3 de outubro de 1941. Código de Processo Penal. *Diário Oficial da União* de 13.10.1941 e retificado em 24.10.1941. Texto atualizado disponível em: http://www.planalto.gov.br. Acesso em: 05 jul. 2021. O artigo 201, §5º, do Código de Processo Penal, dispõe: "Se o juiz entender necessário, poderá encaminhar o ofendido para atendimento multidisciplinar, especialmente nas áreas psicossocial, de assistência jurídica e de saúde, a expensas do ofensor ou do Estado."

[174] PAULA, Anna Bárbara Fernandes de; GONTIJO, Jaqueline Ferreira; ALMEIDA, André Vinícius de. Escutando o Cidadão: Proteção à vítima. Persecução penal. Peticionamento eletrônico no Distrito Federal. *Revista Lex de Criminologia & Vitimologia*, Porto Alegre, v. 1, n. 1, p. 97-100.

contato entre as vítimas com Promotores de Justiça e seus assessores, a fim de facilitar a participação no processo penal.[175]

O eixo de proteção, essencial para a participação ativa da vítima no processo, exige acolhimento, escuta atenta, apoio, enfim, um olhar e tratamento humanizado inclusive mediante reuniões com vítimas diretas e reflexas, na forma de círculos de construção de paz[176] oriundos da justiça restaurativa; aqui, além de garantir os direitos fundamentais das vítimas, busca-se impedir, tanto quanto possível, a vitimização secundária e garantir a proteção contra indevida exposição de dados pessoais, mediante a garantia de sigilo, tanto em crimes violentos como aqueles de médio e pequeno potencial ofensivo.[177]

Acerca dos resultados obtidos até então com o Programa Escutando o Cidadão, os autores[178] descreveram que as avaliações pré e pós-círculos aplicadas a cada participante resultaram no expressivo índice de 100% de satisfação com o evento, bem como a melhoria da imagem do Ministério Público na perspectiva dos respondentes em percentual de 88% e a melhor compreensão acerca dos direitos e deveres das vítimas no processo penal na porcentagem de 65%.

---

[175] PAULA, Anna Bárbara Fernandes de; GONTIJO, Jaqueline Ferreira; ALMEIDA, André Vinícius de. Escutando o Cidadão: Proteção à vítima. Persecução penal. Peticionamento eletrônico no Distrito Federal. *Revista Lex de Criminologia & Vitimologia*, Porto Alegre, v. 1, n. 1, p. 98-99.

[176] Ibidem, p. 99.

[177] Ibidem, p. 99-100. Os autores assim descrevem a realização dos círculos de construção de paz: "[...] as vítimas se sentam em roda e, sob a condução de um facilitador com formação em justiça restaurativa (cujo objetivo é apenas facilitar o diálogo, sem emitir conselhos ou opiniões), as vítimas compartilham sua história com outras pessoas igualmente vítimas de delito. A ideia é conferir aos participantes um espaço seguro para compartilharem seus sentimentos e sua dor, já que no processo penal tradicional, e em especial nas audiências criminais, muitas vezes não há espaço para que os ofendidos se expressem livremente. O conteúdo dos encontros é sigiloso e não é levado ao processo criminal, já que o intuito não é produzir prova penal, mas sim auxiliar na superação do medo, da culpa e do trauma, tratado no item 2 deste ensaio. Após a finalização do círculo de apoio, há ainda uma etapa de informação, em que os presentes são orientados sobre o funcionamento da justiça criminal e as fases do processo, podendo ser feitos encaminhamentos para a rede de assistência e proteção disponível. Para tanto, foram confeccionados termos de encaminhamentos para a rede de assistência e proteção, que podem ser entregues para vítimas e seus familiares durante os círculos, bem como antes, durante ou após a audiência criminal, contendo telefones e endereços dos serviços disponíveis (em especial, assistência psicológica e assistência social), além de requisição para atendimento do portador do termo, dada as parcerias prévias que foram realizadas com os órgãos da rede de proteção, como, por exemplo, o Pró-vítima, da Secretaria de Justiça e Cidadania (Sejus) do Governo do Distrito Federal."

[178] Ibidem, p. 100.

Finalmente, de modo geral, a quarta seção do artigo diz respeito ao sigilo de dados de vítimas e testemunhas.[179] Aqui, podem-se destacar as seguintes assertivas: a proteção de dados de vítimas e testemunhas possui amplo amparo normativo, porém, em termos práticos, a preservação de dados pessoais sensíveis ainda é pouco usual, talvez por desconhecimento acerca desse direito por parte dos tutelados ou por faltar esse olhar sensível por parte dos órgãos de persecução penal e do próprio Judiciário; é essencial a adoção de ações de concretização do direito de informação das vítimas e testemunhas e de sensibilização dos operadores jurídicos para olhar de proteção ao longo da investigação e do processo criminal; o dever de proteção do indivíduo contra indevida exposição de dados e imagem tem como protagonistas a Polícia e o Ministério Público (do contrário, esses órgãos darão causa direta à vitimização secundária); há grande assimetria na previsão normativa de rotinas de trabalho voltadas à preservação da imagem e dos dados sensíveis de vítimas e testemunhas, inclusive, alguns tribunais do país exigem requerimento prévio acerca do sigilo por parte dos tutelados que se sintam coagidos; a nova realidade dos processos eletrônicos requer novas regras de operacionalização do sigilo de dados sensíveis, com preservação da dignidade humana e do direito à intimidade, sem descurar da garantia de ampla defesa (sugere-se, inclusive, que o limite do sigilo endoprocessual seja justamente a possibilidade de exercício da ampla defesa, o que deve ser analisado no caso concreto).

Diante do exposto, extrai-se que o Programa Escutando o Cidadão tem origem recente e localizada no Ministério Público do Distrito Federal e Territórios. Os resultados analisados desde a fase do projeto até a atual configuração em programa permitem concluir pela possibilidade de se institucionalizar um espaço democrático de escuta e acolhimento das vítimas diretas e reflexas de crimes, em especial aqueles cometidos com violência ou grave ameaça contra a pessoa, com declarado objetivo de evitar, tanto quanto possível, a vitimização secundária.

A realidade da pandemia, que coincidiu justamente com a fase inicial do Programa Escutando o Cidadão, impactou diretamente na realização dos encontros em formato de círculo de construção de paz, tanto que apenas foi realizada uma sessão presencial em fevereiro de 2020 e nenhum círculo em 2021. Para a finalidade de complementar dados não observados nos documentos analisados, o próximo tópico

---

[179] *Ibidem*, p. 100-112.

se ocupará de alguns questionamentos em forma de entrevista com as promotoras de justiça gestoras do programa.

4.4 Entrevistas com profissionais envolvidas e breve análise de caso

Após a análise detida das origens normativas e resultados documentados do "Escutando o Cidadão", este tópico se ocupará de detalhar a perspectiva direta de duas promotoras de Justiça de Ceilândia incumbidas da atual gestão do Programa (Anna Bárbara Fernandes de Paula e Jaqueline Ferreira Gontijo). Por meio de entrevista semiestruturada em questões, serão detalhados pontos de vista importantes para o escopo desta pesquisa e que não constam dos documentos, do relatório estatístico e do artigo, todos abordados no tópico anterior. Na sequência, um caso selecionado por sugestão unânime das duas gestoras entrevistadas será brevemente analisado, sob a perspectiva de aplicabilidade da justiça restaurativa em uma situação de extrema violência para a vítima direta e vítimas indiretas.

A entrevista semiestruturada compõe-se de questionamentos por mim formulados e direcionados por *e-mail* às promotoras de justiça gestoras do Programa, Anna Bárbara Fernandes de Paula e Jaqueline Ferreira Gontijo, no dia 07 de julho de 2021. Em 19 de julho de 2021, as respostas foram fornecidas pelas duas promotoras de justiça, respectivamente, via mensagens de áudio pelo aplicativo WhatsApp (devidamente transcritas) e por *e-mail*. Vale salientar, em relação ao sétimo questionamento, que as respostas foram complementadas com dados fornecidos por duas servidoras do Ministério Público, Leila Duarte Lima (Secretária Executiva da Coordenadoria Executiva de Autocomposição) e Alexânia Alves Gonçalves (Assessora da Coordenadoria Executiva de Autocomposição), que atuam junto ao programa Escutando o Cidadão.

1. O impulso para criação do Escutando o Cidadão surgiu de alguma inquietação específica diante do sistema tradicional punitivista? Qual(is)?
Dra. Anna Bárbara: Sim, a ideia do programa Escutando o Cidadão surgiu sim de uma inquietação prática, porque principalmente nas audiências, nós percebíamos que as vítimas muitas vezes não tinham espaço de fala, espaço de escuta e não tinham voz para narrar os seus sentimentos, a sua dor. Muitas vezes elas eram ouvidas apenas como uma mera testemunha, um mero objeto de prova e sem mesmo se

perguntar ali com relação às consequências do crime para ela, com relação à reparação do dano... Então, elas eram tratadas mais como objeto de prova e menos como sujeitos de direito. Então foi isso que nos levou a essa inquietação com uma necessidade de um olhar mais humano, tanto para as vítimas, que o nosso programa a ideia é que tenha ainda no futuro uma fase também para o ofensor, para a gente abarcar, sim, a justiça restaurativa, tanto pela vítima, quanto para o ofensor quanto para a sociedade. Mas no primeiro momento, e talvez o que a gente percebeu mais importante foi essa: tratar dos direitos humanos sob a perspectiva da vítima.

Dra. Jaqueline: Surgiu da angústia de vermos várias vítimas sofrendo os efeitos danosos que o sistema de justiça formal provoca, por não ser ouvida na sua dor, por não ser informada dos seus direitos, bem como por ser exposta a situações, que a fazem reviver o trauma sofrido.

2. Houve ou ainda há resistência na implementação das práticas restaurativas previstas pelo Escutando o Cidadão? Por parte de quem e de que maneira?

Dra. Anna Bárbara: Sim, o programa enfrenta resistências na sua implementação, por parte de vários atores e atrizes do sistema de justiça, sejam eles internos, no Ministério Público, sejam eles externos: advogados, juízes, serventuários da justiça. E é justamente porque essa nova visão, essa valorização da vítima traz aí uma mudança de paradigma, para a gente sair ali do paradigma punitivo, em que o mais importante é a punição do autor, o foco do processo penal como sendo a punição do autor para um foco mais amplo, um paradigma restaurativo que entende o crime como uma violação de pessoas, né. E quando você tem esse olhar, você tem que trazer, buscar um olhar mais humanizado para todas as pessoas envolvidas no conflito. E para isso, é importante que a gente tenha, sim, uma mudança de olhar, uma mudança de cultura, e muitas vezes as pessoas têm resistência ao novo, resistência à mudança. E numa maneira de manter, fazer as coisas exatamente do mesmo jeito que vinham sendo feitas há muitos anos. E o que é necessário são pequenas mudanças para tornar o sistema mais humano mesmo, com foco não tanto na punição, mas com relação à responsabilização, com relação à reparação e com relação a esse cuidado com o trauma. Eu acho que essa que é a mudança.

Dra. Jaqueline: Sim, ainda há. Culturalmente, há uma baixa compreensão dos operadores do direito sobre a necessidade de conferir maior importância ao atendimento às pessoas vitimadas pelo crime. A dor da vítima não é percebida. Ela é tida como uma mera testemunha. Percebo que há um avanço no tema em várias instituições que compõem o sistema de justiça, mas ainda é tímido.

3. Em seu entendimento, como é possível a harmonização entre os espaços e abordagens humanizadas de acolhida e oitiva das vítimas e o ambiente formal do processo criminal?
Dra. Anna Bárbara: Eu entendo que é possível manter, nas palavras do (Ministro) Marco Aurélio, a liturgia do processo, é possível manter essa liturgia, manter as formalidades, mas sem a gente perder o lado humano, sem perder essa abordagem empática. Eu acho que o importante é essa utilização da linguagem da comunicação não violenta, é importante a gente manter esse tratamento empático, que eu acho que é possível ser empático e manter o formalismo, a liturgia. Então, é possível, por exemplo, uma oitiva que seja uma oitiva empática, mas que siga o ritual e a legislação. Eu não vejo nenhuma dificuldade disso. E harmonizar dessa forma, utilizando a comunicação não violenta, utilizando essas abordagens empáticas, utilizando uma comunicação que não seja tão verticalizada, mas uma comunicação mais horizontal, você permita que a pessoa se sinta confortável para relatar o que ela precisa relatar, tanto com relação aos fatos quanto com relação aos sentimentos e às necessidades dela.
Dra. Jaqueline: Entendo que é possível essa harmonização, garantindo à vítima o direito à informação, participação e proteção, como propomos no Escutando o Cidadão. Especificamente quanto ao espaço, a lei prevê um espaço reservado para a vítima, nos Fóruns, para aguardar a audiência, o que deveria ter em todas as delegacias também. O Programa sugere que nesse espaço nos Fóruns tenha cartazes de acolhimento, informando o que acontecerá na sala de audiência, como por exemplo, o fato da vítima ter o direito de prestar as declarações na ausência do acusado e de ter que falar apenas o que souber e se lembrar. Acredito que essa iniciativa acolhe o ofendido, diminuindo sua ansiedade naquele momento. Da mesma forma, sobre a humanização, o Programa sugere várias ferramentas de apoio para que a vítima seja tratada de forma empática, como o roteiro de contato telefônico com a vítima, que visa atendê-la de uma forma acolhedora e as informações sobre seus direitos e deveres nos mandados de intimação. Outro exemplo, são os círculos de apoio às vítimas de crimes. Acredito também que a capacitação dos servidores de todo o sistema de justiça criminal, incluindo aí a polícia militar, policiais civis, servidores do MP e Judiciário, desde os agentes de segurança até Membros e Juízes, para que atendam as vítimas, de uma forma humanizada, empática e acolhedora é essencial. Outra estratégia é a interlocução das instituições para que os ofendidos sejam atendidos em rede, de forma articulada e organizada.

4. Em sua perspectiva, a linguagem e abordagem utilizada no tratamento da vítima pelo Escutando o Cidadão é dificultada ou colonizada pelo paradigma punitivo? Como?

Dra. Anna Bárbara: Eu entendo que o programa busca utilizar uma linguagem mais humanizada, né. Uma linguagem que, como eu falei na pergunta anterior, que use a comunicação não violenta e que permita esse acolhimento empático, que a pessoa se sinta num espaço seguro, mesmo, de fala. Eu acho que a linguagem tradicional é uma linguagem que dificulta isso, porque a pessoa, por exemplo, só utilizar a palavra "vítima" sempre, então você meio que estigmatiza a pessoa, você estigmatiza o autor chamando ele de "réu"... Então, utilizando algumas outras linguagens até sugeridas pela justiça restaurativa, como "pessoa que foi vitimada", ou "pessoa que causou o delito", que aí você coloca não no estigma que a pessoa continua sendo agressora até hoje, ou autora até hoje, ou vítima até hoje, mesmo que tenha passado vários anos, inclusive, ou muito tempo desde a ocorrência do crime. Então eu acredito que essa linguagem, igual você falou aqui, pelo paradigma punitivo ou retributivo, eu acho que é uma linguagem que é estigmatizante, e por isso a gente sempre teve o cuidado, né... A gente utiliza muitas vezes essa palavra "vítima", até para as pessoas saberem, mas quando a gente criou o nome, a gente colocou "Escutando o cidadão", que a gente não queria usar a palavra "vítima" para evitar esse estigma, né. Eu lembro já ter lido, agora não vou lembrar o autor, que ele fala que quando gera esse estigma, às vezes a pessoa nem está sentindo aquilo, mas você colocar o rótulo, você rotular a pessoa daquela forma, às vezes você acaba fazendo com que a pessoa se comporte da forma como foi rotulada. Então, acho que é muito importante a gente ter cuidado com esses rótulos.

Dra. Jaqueline: O Programa usa a comunicação não violenta, busca ter uma linguagem mais informal e horizontal. Entretanto, por serem as ações utilizadas no sistema de justiça formal, há alguns traços de formalidade em que precisamos avançar.

5. Atualmente, o Programa Escutando o Cidadão encontra-se presente em quais promotorias e perante quais varas do Judiciário?
Dra. Anna Bárbara: O programa está sendo implementado na Ceilândia, nas criminais de Ceilândia. São as promotorias, né, são dez promotorias criminais, nas quatro varas (criminais) de Ceilândia. Também no Núcleo Bandeirante, no Tribunal do Júri... Eu não sei quantas promotorias são no tribunal do júri de... Ah, desculpa, eu falei Núcleo Bandeirante, mas eu acho que é Guará. Desculpa, eu falei errado. A vara do tribunal do júri do Guará. No juizado especial também de Taguatinga e na promotoria que atua perante ele.
Dra. Jaqueline: Promotorias de Justiça Criminais de Ceilândia que atuam perante 1ª, 2ª, 3ª e 4ª Varas Criminais de Ceilândia; Promotoria de Justiça Especial Criminal de Taguatinga que atua perante o Juizado Especial Criminal de Taguatinga; Promotoria de Justiça Criminal e do

Júri do Guará que atua perante a Vara Criminal e do Tribunal do Júri do Guará. Trabalhamos em um Termo de cooperação técnica entre MPDFT, TJDFT e PCDF que tem como objetivo disseminar a cultura de atenção às vítimas propostas pelo Programa Escutando o Cidadão. Tivemos a resposta positiva das instituições, e estamos aguardando a assinatura formal, quando avançaremos bastante nas ações propostas.

6. Na prática, o Programa Escutando o Cidadão visa fazer frente às demandas específicas de vítimas de crimes violentos, com divisão em grupos, ou não?
Dra. Anna Bárbara: O programa Escutando o Cidadão entende que todas as vítimas, qualquer que seja o delito, merece ser protegida, amparada, acolhida, e ter os seus direitos respeitados, porque a gente busca mesmo é uma humanização do sistema de justiça, um olhar mais cuidadoso para essas pessoas. E no final das contas, né, como eu falei em alguma resposta anterior, é concretizar mesmo os direitos humanos sob a perspectiva das vítimas. Então, independentemente do crime ser violento ou não violento, que é uma classificação apriorística, uma classificação jurídica, e que a gente percebe que na prática, é a própria pessoa que diz o que é ser violento ou não, né, não o que o Código Penal define como menor, médio ou maior potencial ofensivo. Então, a gente já viu casos por exemplo de pessoa que foi vítima de uma ameaça e que estava, assim, em uma situação bem fragilizada. E a gente também já viu pessoas que foram vítimas de furto com uma necessidade muito grande de apoio, principalmente para superação do trauma, em casos de furto à residência, que é um crime que o Código Penal por exemplo admite o acordo de não persecução penal. Então, eu acho que a gravidade do fato para o Código Penal é diferente da gravidade para a pessoa. Porque o trauma, né, o trauma ele é gerado não pela situação em si, mas como que a pessoa age frente àquela situação. Então, se a pessoa às vezes não dá conta de se colocar, não sabe como reagir diante de uma situação que legalmente não é tão grave, mas, psicologicamente, emocionalmente causa um estrago muito grande. Então, concluindo, o programa quer fazer frente a todas as demandas de vítimas de crime, qualquer que seja o delito.
Dra. Jaqueline: Não. Entendemos que a vítima de qualquer delito tem o direito de ser informada sobre as etapas do processo, sobre seus direitos, de participar, nos termos da lei, bem como de ser acolhida. Não é apenas a gravidade do delito que impacta na vida do ofendido, mas também como se deu a experiência, onde ocorreu, como foi a relação com o autor após o fato, entre outras. Ou seja, são várias circunstâncias que podem gerar o trauma na vítima.

7. Desde a implementação do Programa Escutando o Cidadão em fevereiro de 2020, quantos encontros presenciais e/ou virtuais foram realizados?

Dra. Anna Bárbara: Você conseguiu a resposta da Leila sobre quantos círculos foram realizados? Aí se não conseguiu, você me avisa que eu vou providenciar, eu não tenho esse número.

Dra. Jaqueline: Antes do Programa ser formalizado para atuação em todo o DF, o Escutando o Cidadão era um projeto na região administrativa de Ceilândia. Nesta fase, ocorreram --- (verificar com Leila) círculos de apoio às vítimas. Após a transformação em Programa, ocorreu apenas um círculo em março de 2020, dias antes do início da pandemia do novo coronavírus, o que interrompeu a realização dos encontros. O Programa optou por não realizar encontros virtuais, até o momento, por entender que durante os círculos de construção de paz a vítima revive o momento, provocando uma série de sentimentos difíceis. E considerando a situação de isolamento social e a falta de uma rede de apoio psicológico pós-encontro nos preocupa, sendo essencial a segurança para o início deste tipo de trabalho. No momento, estamos fazendo parcerias com uma faculdade de psicologia para tal apoio, possibilitando o início dos círculos virtuais com as vítimas, certas de que elas terão apoio psicológico pós encontro.

Em complemento às respostas dadas pelas promotoras de justiça, no dia 19 de julho de 2021, as servidoras do MPDFT, Leila Duarte Lima (Secretária Executiva da Coordenadoria Executiva de Autocomposição) e Alexânia Alves Gonçalves (Assessora da Coordenadoria Executiva de Autocomposição), coordenadamente forneceram a mim, via mensagem de WhatsApp, tabela informativa com os dados adiante. A servidora Alexânia me informou ainda que, em 2021, não foi realizado nenhum círculo do programa Escutando o Cidadão.

Dados 2018-2020
Programa Escutando o Cidadão

1. Ação – Círculos

ANO	QUANTIDADE
2018	02
2019	07
2020	01

2. Pequisa de Satisfação 2020.

a) Questionário pré-círculo aplicado: **03 questionários**

Distribuição da frequência por escolaridade: 100% ensino médio (03 entrevistados)
Perguntas:

1. Você já compareceu ao Ministério Público – Promotoria de Justiça de Ceilândia/Guará anteriormente?

Entrevistado	Resposta
1	Não
2	Sim
3	sim

2. Você sabe qual o papel do Ministério Público e do Promotor de Justiça?

Entrevistado	Resposta
1	Não
2	Não sei
3	Não sei

3. Você sabe quais são os direitos e deveres das vítimas de delitos?

Entrevistado	Resposta
1	Não
2	Não sei
3	Não sei

4. Você já participou de alguma audiência no Poder Judiciário anteriormente, seja na qualidade de vítima ou de testemunha?

Entrevistado	Resposta
1	Não
2	Sim
3	Não

b) Questionário pós-circulo aplicado: **03 questionários**

1. A duração do evento foi adequada?

Entrevistado	Resposta
1	–
2	Sim
3	–

2. Os horários previstos na programação foram cumpridos?

Entrevistado	Resposta
1	Sim
2	Sim
3	Sim

3. Teve clareza na abordagem dos temas?

Entrevistado	Resposta
1	Sim
2	Sim
3	Sim

4. Você compreendeu quais são os direitos e deveres da vítima no processo criminal?

Entrevistado	Resposta
1	Sim
2	Sim
3	sim

5. Você se sente mais preparado(a) para comparecerá audiência no processo criminal?

Entrevistado	Resposta
1	Sim
2	Não sei
3	Não

6. Você sente necessidade de fazer acompanhamento psicológico em razão do delito?

Entrevistado	Resposta
1	–
2	Sim
3	Sim

7. Você ficou satisfeito com o evento?

Entrevistado	Resposta
1	Muito satisfeito
2	Muito satisfeito
3	Muito satisfeito

8. Houve questionários pré e pós-círculos na fase supracitada? Qual a percepção dos usuários acerca dos encontros?
Dra. Anna Bárbara: Sim, a gente sempre fez os questionários pré e pós-círculo. Na verdade, o pós-círculo ali, né, no encontro, mesmo, no dia mesmo, e o pré antes de a gente começar. Os resultados estão lá na página do site (portal do MPDFT), no Escutando o Cidadão, na parte "resultados". Aí a gente tem uma compilação lá, que eu não lembro de cabeça, mas eu tenho certeza que todas as pessoas gostaram, que a imagem do Ministério Público melhorou depois dos encontros. Essas foram duas respostas que me marcaram. Então a gente teve aí 100% de pessoas satisfeitas e com uma imagem do Ministério Público acho que 90% melhor, alguma coisa nesse sentido.
Dra. Jaqueline: Sim. Foi elaborado um relatório de análise estatística da avaliação pré e pós-círculo aplicada a partir do segundo semestre de 2018, envolvendo o atendimento de vítimas de delitos, no Projeto Escutando o Cidadão, do MPDFT. 52% não sabiam sobre direitos e deveres das vítimas de delitos na avaliação pré-círculo. Por outro lado, após o evento do projeto, 65% sabiam sobre direitos e deveres das vítimas de delitos. Quanto à qualidade e impacto do evento nos participantes, todas as respostas tiveram bons *feedbacks* com porcentagens entre 70% e 90%. Além disso, 58% respondeu não ter necessidade de conversar com o ofensor e 68% não vê necessidade de acompanhamento psicológico.

9. Qual(is) o(s) desafio(s) enfrentados pelo Programa Escutando o Cidadão diante da realidade de pandemia?
Dra. Anna Bárbara: Em razão da pandemia, nós tivemos que ser mais criativos como atingir as vítimas, então o nosso foco foi em informação, porque a gente percebeu que muitas pessoas não estavam registrando tantas ocorrências como antes, não sabendo como procurar ajuda. Então, nosso maior objetivo foi buscar trazer informação. E a gente sabe, né, que o exercício da cidadania só pode ser feito quando a pessoa conhece seus direitos, então informação foi o nosso grande foco. E o maior desafio foi conseguir uma forma de implementar os círculos, e aí a gente tem trabalhado, a gente tá construindo uma parceria com o núcleo de psicologia da UDF, que a gente ainda tá fazendo o acordo de cooperação técnica, tá em tramitação, se Deus quiser a gente vai conseguir, para a gente obter um apoio... porque a gente tem medo de fazer, medo não seria a melhor palavra, a gente tem um receio de fazer o círculo e não dar um apoio para aquelas pessoas... que a gente não sabe em que situação que ela tá, se ela tá sozinha e casa, se ela tá numa situação muito difícil, se a gente fizer os encontros e a situação piorar ali, no sentido de ela remexer muito os sentimentos e ela não ter a quem recorrer. Então, a gente tem buscado parceria para viabilizar os círculos online. E eu acho que o outro grande desafio também é incentivar a participação e a proteção no tempo de pandemia. E o que a gente tem feito, até em

complementação a uma das perguntas aqui, deixa eu ver qual, é a cinco, nós também temos feito uma parceria com o Tribunal de Justiça e com a Polícia Civil, essa aí já está em vias de ser assinada, esse acordo de cooperação técnica para a gente ampliar aí a nossa divulgação, tanto de informação quanto de proteção. Então desde a polícia, quando a pessoa registra a ocorrência, para ela já ser informada sobre o programa, como ela pode receber assistência psicossocial, todos os direitos delas... Então a gente quer através também colocar essa questão do mandado dos direitos, né, no mandado de intimação, colocar isso em todo o Distrito Federal. O Tribunal de Justiça tem o objetivo de fazer um mandado agora uniforme, né, uma central de mandados. Então, assim, a gente tem feito essa parceria pra gente ampliar aí a questão da informação e da proteção, pra gente conseguir realmente uma participação mais efetiva.
Dra. Jaqueline: O Programa enfrenta algumas dificuldades como a resistência à mudança, a falta de conhecimento das vítimas como sujeito de direitos, o olhar do sistema penal tradicional como punitivo/retributivo. A pandemia gerou outras dificuldades, como de criar ações e iniciativas que respondam às necessidades das vítimas de delitos no formato virtual e a realização de círculos restaurativos virtuais que garantam o sigilo e a segurança dos participantes.

10. Se pudesse escolher um caso emblemático do Escutando o Cidadão, qual seria? Por quê?

Em reunião virtual realizada com a Dra. Anna Bárbara e a Dra. Jaqueline no dia 19 de janeiro de 2021 pela plataforma Webex,[180] ambas responderam que o atendimento mais notável até aquele momento foi o de Sheiza Braga, cuja irmã fora vítima de feminicídio cometido por meio cruel (emprego de fogo) na noite de 04 de março de 2018, no Guará.

A depoente, vítima reflexa do crime, descreve em vídeo disponibilizado pelo próprio site oficial do MPDFT,[181] não apenas o horror experimentado pelo crime que vitimou sua irmã (torturada e carbonizada ainda viva). Sheiza descreveu também o alívio sentido ao poder compartilhar no círculo de construção de paz todos os sentimentos, em suas palavras, "muito pesados" a respeito deste trauma, bem como o tratamento humanizado que recebeu dos servidores envolvidos em seu atendimento e no julgamento perante o Júri.

Conforme conversado com as promotoras de justiça na mencionada reunião virtual, concluiu-se que o caso foi selecionado devido ao próprio nível de atenção que o feminicídio reclama, aliado à peculiar crueldade

---

[180] *Link* da reunião virtual acessada em 19 de janeiro de 2021 em: https://mpdft.webex.com/meet/annap.

[181] Programa Escutando o Cidadão – depoimento Sheiza Braga. Disponível em: https://www.mpdft.mp.br/portal/index.php/conhecampdft-menu/programas-e-projetos-menu/escutando-o-cidadao-dialogos-com-vitimas-de-delitos. Acesso em: 19 jan. 2021.

com que foi cometido, o que não impediu (mas motivou) a voluntariedade da vítima reflexa em participar do círculo de construção de paz. Tudo a indicar que a extrema violência do delito em concreto não deve, por si, obstar o acesso a um tratamento humanizado das vítimas diretas ou reflexas ou mesmo seu acesso à justiça restaurativa, desde que respeitada, sempre, a voluntariedade e a dignidade humana.

Uma observação formal se faz necessária. A opção em inserir a entrevista com as promotoras de justiça no corpo deste trabalho, em forma de citação, deve-se à estreita ligação entre as ideias lançadas na entrevista e a exposição contida no tópico seguinte. Embora geralmente as entrevistas venham na forma de apêndice, no presente caso, a ideia é buscar facilitar a leitura e a conexão entre as informações, evitando-se quebra de raciocínio.

4.5 O que a experiência de Ceilândia comunica sobre a institucionalização do restaurativismo?

Na circunscrição judiciária de Ceilândia, observa-se que a institucionalização da justiça restaurativa no contexto posterior à edição da Resolução nº 225/CNJ conta com duas frentes de desenvolvimento: Poder Judiciário e Ministério Público. Na primeira frente, a iniciativa institucional é mais recente, datada de dezembro de 2020, e materializa-se nos trabalhos desenvolvidos pelo CEJURES-CEI. Na segunda frente, observa-se a maturação desde a fase do projeto em setembro de 2018 até a fase do programa em fevereiro de 2020.

Apesar de mais recente, a proposta de justiça restaurativa sob iniciativa do Judiciário local abarca mais processos em termos quantitativos, sendo que, entre janeiro e junho de 2021, o total foi de 330 encaminhamentos de processos dos juízos para o CEJURES-CEI. Relativamente mais antigo, o Escutando o Cidadão realizou 10 círculos de construção de paz entre 2018 e 2020, com a participação de quantidades não divulgadas de vítimas e familiares.

Enquanto os encaminhamentos de processos ao CEJURES-CEI são realizados quase que em sua totalidade pelo Juizado Especial Criminal de Ceilândia, com participação pouco expressiva das Varas Criminais Comuns e sem nenhum caso do júri, os atendimentos realizados pelo Programa Escutando o Cidadão não se limitam pelo critério de violência ou grave ameaça eventualmente empregado nos crimes e abarcam casos de varas criminais e júri.

A análise dos resultados de satisfação obtidos pelos usuários de atendimentos restaurativos no Judiciário não resultou em índices específicos para o CEJURES-CEI, uma vez que o relatório é anual, inclui dados gerais (sem identificar a localidade do destinatário) e foi lançado no início de 2022, após a realização desta pesquisa. Por seu turno, o Programa Escutando o Cidadão aplica formulários aos participantes dos círculos e sua percepção de satisfação é bastante positiva, não apenas para o atendimento, mas também para o nível de clareza das informações e a própria imagem do Ministério Público.

Desde o retorno das atividades telepresenciais após o reconhecimento do estado de calamidade decorrente da pandemia de coronavírus, as audiências restaurativas no âmbito judiciário vêm sendo realizadas no formato de videoconferências. Por cautela, o Ministério Público decidiu por bem não adotar semelhante procedimento no Escutando o Cidadão até o momento, em atenção a possíveis fragilidades e demandas específicas dos usuários (porém, está em andamento acordo de cooperação técnica para viabilizar as videoconferências).

Sem juízo de valor, a percepção é de que o foco na implementação da justiça restaurativa pelo Judiciário local consiste em amplitude, abrangência, principalmente de casos que envolvam delitos com menor potencial ofensivo. Por parte do Ministério Público, o foco é na humanização dos atendimentos e das abordagens, especialmente das vítimas de delitos, como salientado pelas próprias promotoras de justiça entrevistadas.

O cenário parece promissor. As práticas restaurativas previstas pela Resolução nº 225 ganham forma e densidade, encontrando-se em plena expansão na localidade estudada. A advertência, porém, permanece: há que se cuidar da essência dos trabalhos realizados, de seus propósitos, os quais devem seguir coadunados com a inspiração dos ideais restaurativos, sob o risco de se desnaturar a essência da justiça restaurativa e de se utilizá-la como apêndice do Judiciário, a mimetizar o paradigma punitivo e, ainda, buscar justificar o poder punitivo onde ele mais carece de legitimidade.

Aqui, o alerta sob a lente agnóstica ganha especial contraste. A pena aflitiva, especialmente a prisão, parece ainda bastante escanteada em relação ao espectro da justiça restaurativa timidamente institucionalizada pela Resolução nº 225/CNJ. De fato, a norma silencia sobre tal expressão do poder punitivo que carece de legitimidade na medida em que se funda na imposição de dor, sofrimento e aflição, não bastasse o estigma e a seletividade naturalmente observados no processo penal.

Outro ponto a considerar é: diante de tão expressiva criminalidade violenta, Ceilândia merece especial atenção quanto ao tratamento dos casos assim considerados mais graves. É o que se percebe não somente da análise dos casos encaminhados ao CEJURES-CEI, mas também da resistência por parte de vários atores e atrizes do sistema judicial na compreensão e na abertura a mudanças propostas pelo restaurativismo, conforme apontado pelas promotoras.

O caminho adiante ainda é longo, como não poderia deixar de ser. A justiça restaurativa se apresenta como um ideal a ser buscado, mas não algo a ser encaixado ou limitado em categorias jurídicas estanques e arranjos institucionais voltados a tal fim. Não pode tal modelo, tampouco, figurar como nova justificativa ao sequestro do conflito das mãos da vítima nem como silenciador da voz dos envolvidos diretos e indiretos. Há que se atentar para a dimensão do direito como vocalizador de demandas, em observância à fluidez, à amplitude, à pluralidade, enfim, tantas características do restaurativismo que não se limitam à verticalização e à imposição de um modelo de justiça a toque de caixa, como mais uma meta a alcançar.

Howard Zehr[182] discerne o seguinte:

> A justiça retributiva está profundamente cravada em nossas instituições políticas e na nossa psique. Talvez seja esperar muito pensar que ela possa mudar a partir de suas bases. Mesmo assim, devemos reconhecer a importância dos paradigmas que usamos e ter a liberdade de questioná-los. Também podemos começar a usar uma nova lente para dar forma àquilo que decidimos que vale a pena fazer. Podemos começar a usar outra lente naquelas áreas da nossa vida onde temos algum controle: na família, na comunidade religiosa, na vida diária. Se a justiça restaurativa não é um paradigma, talvez ela possa ainda assim servir como teoria sintetizadora. Quem sabe possa ao menos nos fazer pensar cuidadosamente antes de infligir dor a alguém.

De fato, a violência causadora de tantas formas de dor e sofrimento se observa desde o aspecto social, especialmente em Ceilândia,

---

[182] ZEHR, Howard. *Trocando as lentes*. Um novo foco sobre o crime e a justiça. Justiça Restaurativa. Tradução de Tônia Van Acker. São Paulo: Palas Athena, 2008. p. 214.

região administrativa com expressivos índices de criminalidade violenta em casos noticiados. Esse espectro de violência deve servir como critério para se pensar e fazer políticas públicas, não apenas na área de segurança pública e judiciário, mas também em saúde, educação, lazer, assistência e trabalho, inclusive das pessoas que passam pelo sistema de justiça criminal e não raro se veem privadas de oportunidades de colocação no mercado de trabalho formal, tamanho o grau de estigmatização enfrentado.

Porém, *nuances* sutis de violência merecem sempre a máxima atenção. No aspecto institucional, ela pode se expressar de forma quase imperceptível na resistência, por parte de diversos operadores do direito, às mudanças propostas pelo restaurativismo. De outra maneira mais visível, a violência pode ser observada, por exemplo (como eu mesma pude presenciar em salas de audiência de diversos juízos de Ceilândia), pela condução coercitiva de vítima em casos nos quais poderia haver receio de um encontro com o ofensor e pelo formalismo exacerbado que intimida e dificulta a compreensão do que é dito em audiência.

Os espaços de acolhida e oitiva inaugurados pelo Escutando o Cidadão configuram passo decisivo rumo à mudança para um tratamento cada vez mais humanizado, especialmente para vítimas de delitos, mas sem descurar das demais pessoas envolvidas. A amplificação dos atendimentos restaurativos pelo CEJURES-CEI denota a tendência expansionista da justiça restaurativa no âmbito institucional, que deve ser monitorada de perto não apenas em termos quantitativos, mas também qualitativos, a fim de evitar desvios nas atividades desenvolvidas. Com esses passos iniciais, quem sabe seja possível a construção de um paradigma restaurativo que atenda efetivamente às demandas plurais e complexas, respeitada sempre a voluntariedade.

CONCLUSÕES

O ponto central da presente pesquisa consistiu em analisar onde pode ser situada a justiça restaurativa entre o debate teórico dos abolicionistas e do agnosticismo penal, bem como compreender a lógica vertical e parcialmente limitadora imposta pela Resolução nº 225/CNJ e, por fim, estudar a implementação da justiça restaurativa em Ceilândia, tanto por iniciativa do Judiciário quanto do Ministério Público. Foi possível perceber que a justiça restaurativa transita bem de forma autônoma em relação às mencionadas teorias, as quais fornecem inspiração e críticas diante da imposição do modelo restaurativo como meta a cumprir.

As inspirações teóricas fornecidas pelas lentes do abolicionismo e do agnosticismo penal decididamente marcaram um limite claro nesta breve pesquisa: não podem ser tomadas como premissas à realização da justiça restaurativa, do contrário, a inviabilizariam, conduzindo ao nada ou à utopia, a depender do caminho tomado. Pelo contrário, o debate teórico forneceu ferramentas para pensar os ideais restaurativos e os riscos de sua desnaturação, em especial pela expansão da justiça restaurativa no país, caso não haja compromisso com seu monitoramento e eventuais calibragens ou alterações de rota, respeitada, sempre, a premissa da voluntariedade e autonomia dos envolvidos, sob pena de sequestro do conflito por inúmeras formas.

Conformar a justiça restaurativa como política judiciária e dar-lhe a marca da institucionalidade foi tarefa declarada da Resolução nº 225/CNJ. Porém, a forte verticalização, a frágil ampliação do campo de incidência em relação a delitos graves, bem como a aparente interdição em face de iniciativas já em curso foram alguns traços observados a partir da análise da norma. A legislação a respeito da justiça restaurativa e a parcimônia no exercício da persecução penal foram apontados como possíveis fatores para fazer frente à expansão da rede formal de controle, efeito perverso da justiça restaurativa imposta enquanto meta a cumprir.

A atenção às demandas vocalizadas, à horizontalidade e o respeito à localidade das lutas foram destacadas como possíveis alternativas para sedimentação do restaurativismo sob nova perspectiva, mais alinhada aos seus ideais. Todavia, o simples acoplamento do modelo restaurativo ao sistema judiciário sem diversificação de respostas, a manutenção de respostas penais aflitivas (especialmente a prisão), o risco de cooptação da justiça restaurativa pelo paradigma punitivo e a timidez da Resolução nº 225 em ampliar seu alcance para o sistema penal como um todo (especialmente em face de crimes mais graves) foram limitações destacadas para a norma em questão.

Ainda, a cidade de Ceilândia-DF teve destacada a expressiva criminalidade violenta (conforme números oficiais) como critério de seleção para estudo, que conduziu à análise das duas frentes de realização da justiça restaurativa institucionalizada. Apesar dos alarmantes números, ainda se observa certa timidez ou resistência na utilização de práticas e abordagens restaurativas em face de crimes considerados mais graves, principalmente por parte do Judiciário, que trabalha quase na totalidade com delitos de menor potencial ofensivo. No que concerne aos espaços de oitiva e acolhimento de vítimas e demais envolvidos em delitos, o critério da gravidade do crime parece ser diluído e o atendimento humanizado, mais amplo.

A justiça restaurativa pode, sim, orientar uma mudança de pensamento e de atitude para muito além do aspecto institucional. É do aspecto humano mesmo que se fala. Do ouvir, do respeitar a voz e a vez de cada pessoa, especialmente em uma situação advinda de conflito. Na essência, é buscar a dignidade da pessoa humana em seu sentido mais elementar e sensível. Em sentido formal e institucional, é implementar as práticas sem descurar da análise dos resultados, da calibragem e da alteração de rota, quando necessário, e não fechar os olhos para os problemas mais gritantes relacionados à violência, aos casos considerados mais graves e até mesmo ao abuso das medidas prisionais, algo ainda invisibilizado pelos arranjos institucionais.

Por um lado, houve uma constante busca, na pesquisa, em atingir relativo descompromisso com as abordagens teóricas abolicionistas e agnósticas, para não as considerar como condições ou premissas do restaurativismo – este, sim, verdadeiro foco teórico e prático almejado.

Por outro lado, traçar o desenho e as ações públicas relacionadas à justiça restaurativa a partir do marco normativo instaurado pela Resolução nº 225/CNJ, apesar do "pecado original" na gênese, consubstanciado na verticalidade e na lógica de imposição, deixa claro o necessário diálogo interinstitucional entre Judiciário e demais órgãos e atores envolvidos na justiça restaurativa.

Há, sim, convergência entre o Programa Escutando o Cidadão, selecionado para estudo, e a nota do diálogo interinstitucional bem presente na Resolução nº 225/CNJ, ainda que haja resistências internas, como apontado pelas promotoras entrevistadas. Pode-se dizer que tal convergência figura como condição de operabilidade do Programa analisado e, arrisca-se dizer, de outras iniciativas em justiça restaurativa que se orientem pela norma em questão. Essa convergência, porém, não é garantia de que o restaurativismo se desenvolva plenamente e livre de intercorrências em meio ao ambiente institucional. Sem monitoramento, calibragem e ajustes de rota, aquilo que se pretende nomear como justiça restaurativa pode apenas mimetizar a essência dolorosa e estigmatizante bem conhecida do processo penal tradicional.

REFERÊNCIAS

ACHUTTI, Daniel. Abolicionismo penal e justiça restaurativa: do idealismo ao realismo político-criminal. *Revista de Direitos e Garantias Fundamentais*, Vitória, v. 15, n. 1, p. 33-69, jan./jun. 2014.

ALMEIDA, Silvio. *O que é racismo estrutural?* Belo Horizonte: Letramento, 2018.

AMARAL, Augusto Jobim do. Ensaio sobre uma teoria agnóstica da pena: fronteiras entre o político e o Direito Penal. *Novatio Iuris*, n. 2, p. 61-82, 2008.

ANDRADE, Camila; SIQUEIRA, Leonardo. Teorias da pena: das correntes funcionalizantes à perspectiva negativa. *Revista Delictae*, Belo Horizonte, v. n. 1, p. 96-135, jul./dez. 2016.

BENEDETTI, Juliana Cardoso. *Tão próximos, tão distantes*: a justiça restaurativa entre comunidade e sociedade. Dissertação de Mestrado. Faculdade de Direito da Universidade de São Paulo, 2009.

BRASIL. Câmara dos Deputados. *Projeto de Lei nº 7006*, de 10 de maio de 2006. Propõe alterações no Decreto-Lei nº 2.848, de 7 de dezembro de 1940, do Decreto-Lei nº 3.689, de 3 de outubro de 1941, e da Lei nº 9.099, de 26 de setembro de 1995, para facultar o uso de procedimentos de Justiça Restaurativa no sistema de justiça criminal, em casos de crimes e contravenções penais. Disponível em: https://www.camara.leg.br/proposicoesWeb/prop_mostrarintegra;jsessionid=node0bloic8sxlhkc1ovyayri4wsyc6698664.node0?codteor=393836&filename=PL+7006/2006. Acesso em: 26 jul. 2021.

BRASIL. Conselho Nacional de Justiça. *Encontro Ibero-Americano da Agenda 2030 no Poder Judiciário*. Disponível em: https://www.cnj.jus.br/wp-content/uploads/conteudo/arquivo/2019/08/b244303e0db6062f1b0d6a05c20fd1b8.pdf. Acesso em: 5 abr. 2020.

BRASIL. Conselho Nacional de Justiça. *Estatísticas BNMP – Nacional*. Versão atualizada on-line, atualização on-line. Disponível em: https://portalbnmp.cnj.jus.br/#/estatisticas. Acesso em: 30 jul. 2021.

BRASIL. Conselho Nacional de Justiça. *Mapeamento dos Programas de Justiça Restaurativa*. Disponível em: https://www.cnj.jus.br/wp-content/uploads/conteudo/arquivo/2019/06/8e6cf55c06c5593974bfb8803a8697f3.pdf. Acesso em: 16 ago. 2020.

BRASIL. *Constituição da República Federativa do Brasil de 1988*. Disponível em: http://www.planalto.gov.br/ccivil_03/constituicao/constituicao.htm. Acesso: 23 jul. 2021.

BRASIL. *Decreto-lei nº 2.848*, de 7 de dezembro de 1940. Código Penal. *Diário Oficial da União* de 31.12.1940. Texto atualizado disponível em: http://www.planalto.gov.br. Acesso em: 5 abr. 2020.

BRASIL. *Decreto-lei nº 3.689*, de 3 de outubro de 1941. Código de Processo Penal. *Diário Oficial da União* de 13.10.1941 e retificado em 24.10.1941. Texto atualizado disponível em: http://www.planalto.gov.br. Acesso em: 05 jul. 2021.

BRASIL. *Lei nº 12.850*, de 2 de agosto de 2013. Define organização criminosa e dispõe sobre a investigação criminal, os meios de obtenção da prova, infrações penais correlatas e o procedimento criminal; altera o Decreto-Lei 2.848, de 7 de dezembro de 1940 (Código Penal); revoga a Lei n. 9.034, de 3 de maio de 1995; e dá outras providências. Dispõe sobre os Juizados Especiais Cíveis e Criminais e dá outras providências. *Diário Oficial da União* de 05.08.2013 – edição extra. Texto atualizado disponível em: http://www.planalto.gov.br. Acesso em: 5 abr. 2020.

BRASIL. *Lei nº 13.964*, de 24 de dezembro de 2019. Aperfeiçoa a legislação penal e processual penal. Diário Oficial da União de 24.12.2019 – edição extra. Texto atualizado disponível em: http://www.planalto.gov.br. Acesso em: 5 abr. 2020.

BRASIL. *Lei nº 7.210*, de 11 de julho de 1984. Institui a Lei de Execução Penal. *Diário Oficial da União* de 13.7.1984. Texto atualizado disponível em: http://www.planalto.gov.br. Acesso em: 5 abr. 2020.

BRASIL. *Resolução CNJ nº 225*, de 31 de maio de 2016. Dispõe sobre a Política Nacional de Justiça Restaurativa no âmbito do Poder Judiciário e dá outras providências. Disponível em: https://atos.cnj.jus.br/files/resolucao_225_31052016_02062016161414.pdf. Acesso em: 20 jul. 2021.

BRASIL. Supremo Tribunal Federal. *Arguição de Descumprimento de Preceito Fundamental (ADPF) n. 347 (MC)*. Distrito Federal. Julgado em 9 setembro 2015.

CARVALHO, Salo de. Sobre as possibilidades de uma penologia crítica: provocações criminológicas às teorias da pena na era do grande encarceramento. *Revista Polis e Psique*, v. 3, n. 3, p. 143-164.

CHRISTIE, Nils. Conflicts as property. *The British Journal of Criminology*. Oxford, v. 17, n. 1.

CHRISTIE, Nils. Las imagenes del hombre en el derecho penal moderno. *In*: *Abolicionismo Penal*. Buenos Aires: Ediar, 1989. p. 127-141.

CIARLINI, Léa Martins Sales. *A ética de Emmanuel Lévinas e a justiça restaurativa*: um diálogo interditado pela racionalidade penal moderna. Curitiba: CRV, 2019.

COUTINHO, Diogo Rosenthal. O direito nas políticas públicas. *In*: MARQUES, Eduardo; FARIA, Carlos Aurélio Pimenta de. *A política pública como campo multidisciplinar*. São Paulo: Ed. Unesp; Rio de Janeiro: Ed. Fiocruz, 2013. p. 181-200.

CRUZ, Rogerio Schietti Machado. Rumo a um processo penal democrático. *In*: MACHADO, Bruno Amaral (Coord.). *Justiça Criminal e Democracia*. São Paulo: Marcial Pons; Brasília: Fundação Escola Superior do Ministério Público do Distrito Federal e Territórios, 2013. p. 23-58.

FERRAZ, Hamilton Gonçalves. Direito Penal sem pena? Uma introdução à teoria agnóstica da pena. *Revista Brasileira de Ciências Criminais*, São Paulo, v. 148, p. 55-96, out. 2018.

FLORES, Ana Paula Pereira; BRANCER, Leoberto. Por uma justiça restaurativa para o século 21. *In*: CRUZ, Fabrício Bittencourt da (Coord.). *Justiça Restaurativa: horizontes a partir da Resolução CNJ 225*. Brasília: CNJ, 2016. p. 91-120. Disponível em: https://www.cnj.jus.br/wp-content/uploads/2016/08/4d6370b2cd6b7ee42814ec39946f9b67.pdf. Acesso em: 26 jul. 2021.

HULSMAN, Louk. La criminologia critica y el concepto de delito. *In*: *Abolicionismo Penal*. Buenos Aires: Ediar, 1989. p. 87-107.

LEIDA, Marilande Fátima Manfrin; CASTRO, Matheus Felipe de. Neorretributivismo no direito penal brasileiro: obstáculos à realização de uma justiça restaurativa. *Revista de Direito Penal, Processo Penal e Constituição*, Salvador, v. 4, n. 1, p. 68-88, jan.-jun. 2018.

MACHADO, Bruno Amaral; SANTOS, Rafael Seixas. Constituição, STF e a política penitenciária no Brasil: uma abordagem agnóstica da execução das penas. *Revista Brasileira de Políticas Públicas*, v. 8, n. 1, p. 89-112, 2018.

MARQUES, Eduardo. As políticas públicas na ciência política. *In*: MARQUES, Eduardo; FARIA, Carlos Aurélio Pimenta de. *A política pública como campo multidisciplinar*. São Paulo: Ed. Unesp; Rio de Janeiro: Ed. Fiocruz, 2013. p. 23-46.

MARQUES, Eduardo; FARIA, Carlos Aurélio Pimenta de. *A política pública como campo multidisciplinar*. São Paulo: Ed. Unesp; Rio de Janeiro: Ed. Fiocruz, 2013.

MATTHEWS, Roger. O mito da punitividade revisitado. *In*: MACHADO, Bruno Amaral (Coord.). *Justiça Criminal e Democracia*. São Paulo; Barcelona: Marcial Pons; FESMPDFT, 2015. v. II, p. 21-51.

MPDFT. *Portaria nº 1075*, de 11 de setembro de 2018. Institui, no âmbito do Ministério Público do Distrito Federal e Territórios, o projeto Escutando o Cidadão – diálogos com vítimas de delitos e dá outras providências.

MPDFT. *Portaria nº 666*, de 13 de fevereiro de 2020. Institui, no âmbito do Ministério Público do Distrito Federal e Territórios, o Programa Escutando o Cidadão.

MPDFT. *Relatório de análise estatística*. Projeto Escutando o Cidadão – Questionários Pré e Pós-Círculos. Fev./2020. p. 21. Disponível em: https://www.mpdft.mp.br/portal/pdf/programas_projetos/escutando_cidadao/relatorio_analise_estatistica_Escutando_o_Cidada%CC%83o_fev-2020.pdf. Acesso em: 02 jul. 2021.

PALLAMOLLA, Raffaella da Porciuncula. *Justiça restaurativa*: da teoria à prática. São Paulo: IBCCRIM, 2009.

PAULA, Anna Bárbara Fernandes de; GONTIJO, Jaqueline Ferreira; ALMEIDA, André Vinícius de. Escutando o Cidadão: Proteção à vítima. Persecução penal. Peticionamento eletrônico no Distrito Federal. *Revista Lex de Criminologia & Vitimologia*, Porto Alegre, v. 1, n. 1, p. 83-114, 2021.

PIRES, Álvaro. A racionalidade penal moderna, o público e os direitos humanos. *Novos Estudos CEBRAP*, n. 68, p. 39-60, mar. 2004.

RIBEIRO, Flora Deane Santos; HIRSCH, Fábio Periandro de Almeida. O abolicionismo penal e a justiça restaurativa: modelos lastreados pelos direitos fundamentais e humanos. *Revista Transgressões – Ciências Criminais em Debate*, Natal, v. 7, n. 1, p. 117-135, jun. 2019.

ROIG, Rodrigo Duque Estrada. *Aplicação da pena*: limites, princípios e novos parâmetros. 2. ed. rev. e ampl. São Paulo: Saraiva, 2015.

SABADELL, Ana Lúcia; PAIVA, Lívia de Meira Lima. Diálogos entre feminismo e criminologia crítica na violência doméstica: justiça restaurativa e medidas protetivas de urgência. *Revista Brasileira de Ciências Criminais*, São Paulo, v. 153, p. 173-206, mar. 2019.

SAYER, Andrew. Características chave do Realismo Crítico na prática: um breve resumo. *Estudos de Sociologia*, v. 2, n. 6, p. 7-32, 2000.

SCHUCH, Patrice. Direitos e afetos: análise etnográfica da "justiça restaurativa" no Brasil. *Revista Antropología e Derecho*, CEDEAD, v. 7, p. 10-18, 2009.

SCURO NETO, Pedro. Ser ou não ser Justiça Restaurativa. O que ainda falta (vinte anos depois) para desabrochar. *Revista Sociologia Jurídica*, n. 29, p. 136-157, jul./dez. 2019.

SILVEIRA, Marco Aurélio Nunes da; COUTO, Lohan Ribeiro. Para além do processo: a implementação da justiça restaurativa no Brasil a partir do discurso político-criminal inerente à reforma processual penal na América Latina. *Revista da Faculdade Mineira de Direito*, v. 23, n. 46, p. 363-388.

SOUZA, Cláudio Daniel de; ACHUTTI, Daniel. Cultura do medo e justiça restaurativa: o papel dos meios alternativos de resolução de conflitos no âmbito penal na construção de uma sociedade democrática. *Revista de Formas Consensuais de Solução de Conflitos*, Porto Alegre, v. 4, n. 2, p. 13-27, jul.-dez. 2018.

SUXBERGER, Antonio Henrique Graciano. *Legitimidade da intervenção penal*. Rio de Janeiro: Lumen Juris, 2006.

SUXBERGER, Antonio Henrique Graciano. *Ministério Público e Política Criminal*: uma segurança pública compromissada com os direitos humanos. Curitiba: Juruá, 2010. Cap. 2.

SUXBERGER, Antonio Henrique Graciano. O encarceramento em massa no Brasil a partir de suas assimetrias: o que dizem os números e sua relação com a segurança pública. *In*: SUXBERGER, Antonio Henrique Graciano *et al.* (Org.). *Segurança Pública*: os desafios da pós-modernidade Rio de Janeiro: Lumen Juris, 2019. p. 43-68.

SUXBERGER, Antonio Henrique Graciano. O encarceramento em massa na agenda do desenvolvimento sustentável das Nações Unidas: consequências para a ação penal no Brasil. *Revista Internacional Consinter de Direito*, v. 2, n. 3, 2016. Disponível em: https://revistaconsinter.com/revistas/ano-ii-volume-iii/parte-1-direito-e-sustentabilidade/o-encarceramento-em-massa-na-agenda-do-desenvolvimento-sustentavel-das-nacoes-unidas-consequencias-para-a-acao-penal-no-brasil/. Acesso em: 5 abr. 2020.

TIVERON, Raquel. Democracia e sistema de justiça criminal: do modelo punitivo à justiça restaurativa. Justiça criminal e democracia. *In*: MACHADO, Bruno Amaral (Coord.). *Justiça Criminal e Democracia II*. São Paulo: Marcial Pons; Brasília: Fundação Escola Superior do Ministério Público do Distrito Federal e Territórios, 2015. p. 68-96.

TIVERON, Raquel. *Justiça Restaurativa e emergência da cidadania na dicção do direito*: a construção de um novo paradigma de justiça criminal. Brasília: Trampolim, 2017. 574 p.

UM GUIA do conhecimento em gerenciamento de projetos (guia PMBOK)/[texto e tradução] Project Management Institute. São Paulo: Saraiva, 2012. p. 440.

YOUNG, Jock. *The vertigo of late modernity*. London: Sage, 2007.

ZAFFARONI, Eugenio Raúl. *Em busca das penas perdidas*: a perda da legitimidade do sistema penal. Rio de Janeiro: Revan, 1991 (5. ed. 2001).

ZEHR, Howard. *Trocando as lentes*. Um novo foco sobre o crime e a justiça. Justiça Restaurativa. Tradução de Tônia Van Acker. São Paulo: Palas Athena, 2008.

Esta obra foi composta em fonte Palatino Linotype, corpo 10
e impressa em papel Pólen Bold 70g (miolo) e Supremo 250g (capa)
pela Gráfica Star7.